Tómese el día libre

Otros libros por Robert Morris

Más allá de toda bendición / Beyond Blessed

Tómese el día libre

RECIBA EL REGALO DEL DESCANSO DE DIOS

ROBERT MORRIS

NASHVILLE   NEW YORK

FaithWords
Hachette Book Group
1290 Avenue of the Americas, New York, NY 10104
faithwords.com
twitter.com/faithwords

FaithWords es una división de Hachette Book Group, Inc. El nombre y logotipo de
FaithWords es una marca registrada de Hachette Book Group, Inc.

La editorial no es responsable de los sitios web (o su contenido) que no sean propiedad de la
editorial.

El Hachette Speakers Bureau ofrece una amplia gama de autores para eventos y charlas. Para
más información, vaya a www.hachettespeakersbureau.com o llame al (866) 376-6591.

Traducción y edición en español por LM Editorial Services | lydia@lmeditorial.com, con la
colaboración de Belmonte Traductores.

Primera edición: noviembre 2019

ISBN: 978-1-5460-3535-0 (tapa blanda) | E-ISBN: 978-1-5460-3534-3 (e-book)

Impreso en los Estados Unidos de América

LSC-C

10 9 8 7 6 5 4 3 2 1

Este libro está dedicado al Señor, quien en su infinito amor y cuidado por nosotros creó una semana de siete días, para que así pudiéramos descansar un día cada semana. Por eso, ¡tómese el día libre!

ÍNDICE

PRÓLOGO POR MAX LUCADO

Las ovejas no pueden dormir. Quizá la razón por la que contamos ovejas para ayudarnos a quedarnos dormidos es porque ellas están despiertas.

Las ovejas batallan para tranquilizarse. Es comprensible. Están indefensas. No tienen dientes o garras afiladas. Corren lentamente. Cuando se caen, batallan para ponerse de pie. No pueden protegerse a sí mismas y, por lo tanto, son renuentes a relajarse.

Para que las ovejas duerman, todo debe estar correctamente. Ningún depredador. Ninguna tensión en el rebaño. Ningún insecto en el aire. Nada de hambre en el vientre. Todo tiene que estar tranquilo. Desgraciadamente, las ovejas no pueden encontrar pastos seguros, ni tampoco pueden rociar insecticida, tratar las fricciones o encontrar comida. Necesitan ayuda. Necesitan a un pastor que les ayude a descansar en delicados pastos (ver Salmos 23:2). Sin un pastor, no pueden descansar.

Sin un pastor, tampoco podemos descansar nosotros.

Trabajamos duro. Hay dinero que ganar. Hay títulos que obtener, hay peldaños que escalar. La ocupación y el ajetreo rayan en la divinidad. Idolatramos a Thomas Edison, quien afirmaba que podía existir durmiendo siestas de quince minutos. (De algún modo olvidamos mencionar a Albert Einstein, que dormía como promedio once horas en la noche). En 1910, los estadounidenses dormían nueve horas en la noche; actualmente dormimos siete y estamos orgullosos de ello. Debido a eso, estamos cansados. Nuestras mentes están cansadas. Nuestros cuerpos están cansados. Pero mucho más importante, nuestras almas están cansadas.

Somos criaturas eternas y planteamos preguntas eternas: *¿De dónde vine? ¿Hacia dónde voy? ¿Qué es bueno? ¿Qué es malo? Cuando he hecho algo mal, ¿cómo puedo enmendarme? ¿Tengo un Hacedor, y se interesa mi Hacedor por mí?* Estas son las preguntas primordiales del alma; y son el tipo de preguntas que, si quedan sin responder, nos robarán el sueño.

Sin embargo, estamos tan ocupados ganándonos la vida que no tenemos tiempo para meditar en el significado de la vida.

Nuestro Buen Pastor tiene una idea mejor. Él «me hará descansar» (Salmos 23:2). Aquel que nos conduce tiene un plan para restaurarnos. Ese plan incluye momentos ordenados de descanso. Ese plan incluye un día de reposo.

Es momento de descansar. En este libro tan poderoso y restaurador, Robert Morris nos llama a la antigua práctica de la renovación regular. Aprecio mucho a Robert. Es un amigo querido, generoso con su sabiduría y misericordioso con su liderazgo. Dios le ha dado un mensaje para nuestra generación. Este libro le bendecirá. Léalo, y después vuelva a leerlo.

Hace un siglo, Charles Spurgeon dio este consejo a sus alumnos de predicación:

Incluso las bestias de carga deben ser llevadas a pastar ocasionalmente; el mar mismo pausa en los ciclos de las mareas; la tierra guarda del día de reposo de los meses invernales; y el hombre, incluso cuando es exaltado hasta ser embajador de

Dios, debe descansar o desmayar, debe recortar la llama de su lámpara o dejar que arda baja; debe reunir su vigor o envejecer prematuramente...A la larga, haremos más al hacer menos algunas veces.[1]

El arco no siempre puede ser doblado sin temor a que se rompa. Para que un campo dé fruto debe estar en barbecho. Y para que usted esté sano, debe descansar. Ralentice el ritmo y Dios le sanará. Él dará reposo a su mente, a su cuerpo y, sobre todo, a su alma. Él le guiará a verdes pastos.

Nota

1. Helmut Thielicke, *Encounter with Spurgeon* [Encuentro con Spurgeon], trans. John W. Doberstein (Philadelphia: Fortress Press, 1963; reimpreso, Grand Rapids, Mich.: Baker Book House, 1975), p. 220 (de la edición reimpresa).

¡COMENZAMOS AQUÍ!

¿Qué se necesita para reducir a un hombre adulto (el director respetado de un gran proyecto y en rápido crecimiento con muchos empleados) a ser alguien lloroso, desconcertado, a medio vestir, y derrumbado en el piso del clóset? Sorprendentemente resulta muy poco, bajo las circunstancias adecuadas. Podría usted preguntar: "¿Cuán poco?". Una mañana hace varios años atrás, descubrí que nada más desafiante que un cajón de calcetines vacío fue suficiente para llevarme hasta el límite.

Es correcto. Yo soy ese hombre.

En ese momento, la Gateway Church, la iglesia en la zona metropolitana de Dallas-Fort Worth de la que tengo el privilegio de ser pastor, había estado en modo híper crecimiento por años. Todos habíamos estado avanzando rápidamente desde el día que fundamos la iglesia solamente con un pequeño grupo de amigos en una sala de estar, pero sobre todo yo. En la primera época de cualquier iglesia pequeña, el fundador no solo es el predicador, sino también el gerente, director de operaciones, director de personal y cuidador.

El crecimiento produjo ayuda y una mayor división del trabajo, pero las presiones y demandas también aumentaron en paralelo. Se añadió un segundo servicio dominical en la mañana, seguido por un servicio la noche del sábado. Entonces llegaron más servicios en ambos días. Unos años después, me encontraba predicando cinco o seis veces cada fin de semana, y dirigiendo durante la semana a un equipo grande de personas y parecía que no dejaba de crecer.

Al mismo tiempo, el perfil más alto de la iglesia y algunos libros bien recibidos dieron como resultado una corriente regular de invitaciones para hablar por toda Norteamérica y por todo el mundo. Me sentía obligado a decir que sí a tantos de esos compromisos como pudiera. Razonaba: *Después de todo, seguramente la invitación no me habría llegado si Dios no quisiera que yo fuera a ayudar a esas personas.* Con frecuencia suponía, sin preguntar, que cada invitación era una expresión del favor y la bendición de Dios y que, como un buen mayordomo, estaba obligado a aceptar todo lo que llegara a mi camino. Y sin duda, también estaba totalmente comprometido a ser el mejor esposo y padre que pudiera ser. Ciertamente, mi corazón, mi sistema de valores y mis creencias bíblicas demandaban que pusiera a mi familia en primer lugar; por lo tanto, me había estado esforzando muchísimo para poner en práctica esa convicción. Pero durante años había seguido adelante con el tanque vacío, y finalmente, eso me estaba cobrando su precio: física, mental y emocionalmente.

No era el único en nuestro hogar que ya casi no podía con todo. A medida que crecía la iglesia, mi esposa Debbie se encontró con más cosas que hacer y más lugares donde estar. Y resultó que mi momento de "chocarme contra la pared" coincidió con que ella estaba fuera de la ciudad una semana en una conferencia para mujeres.

Una fatídica mañana, en mitad de esa semana, me levanté de la cama temprano y arrastras, con mi mente dando ya muchas vueltas con la multitud de cosas que tenía que hacer ese día, y el tiempo precioso y limitado que iba a tener para esas tareas entre múltiples

> Cada punto en mi lista mental de quehaceres parecía importante.

reuniones. Cada punto en mi lista mental de quehaceres parecía importante. También lo parecían las reuniones que llenaban cada vez más mi horario. Mi instinto práctico era intentar priorizar, pero todo me gritaba con igual urgencia. Todo parecía competir por la etiqueta de "Máxima prioridad".

Tras un baño rápido me dispuse a vestirme, abrí el cajón de la ropa interior en mi armario, y me saludó una escena aterradora.

Me quedaba un último par de ropa interior limpia.

Me golpeó una sobrecarga de tensión. *¿Qué voy a hacer mañana? ¡¿Ya no hay más ropa interior?!* Mientras sacaba el último par, me recompuse asegurándome a mí mismo que más adelante pensaría en una solución. Después de todo, tenía veinticuatro horas completas para resolver esa crisis.

Entonces abrí mi cajón de los calcetines. Mi cajón *vacío* de los calcetines.

Sé que parece ridículo, pero eso fue el colmo. Eso fue la gota que colmó el vaso de mi frágil bienestar físico y emocional. Eso fue la delgada paja de heno que demostró ser demasiado para el camello tambaleante. A veces, tras meses de nevada silenciosa, un solo chasquido de una ramita de un árbol es lo único necesario para desencadenar la avalancha que baja rugiendo por la ladera de la montaña. El diminuto problema de "no hay calcetines limpios" fue esa ramita que se partió. Me inundó una oleada de profunda tristeza. Me desplomé en el piso y comencé a llorar.

No me juzgue. Yo era perfectamente capaz de hacer una colada. Estaba licenciado y debidamente autorizado por Debbie para manejar nuestra Maytag de carga frontal. O alternativamente, como persona adulta y capaz en posesión de una cartera que contenía dinero, podía detenerme en un centro comercial de camino a la oficina y comprar calcetines y ropa interior con mi propio dinero. Había numerosas soluciones fáciles a este problema, pero en ese momento en particular yo era incapaz de ser consciente de ninguna de ellas. Cualquier solución, a pesar de cuán simple fuera, constituía "una cosa más que hacer". Mi mente sobrecargada y mi alma falta de descanso sencillamente estaban demasiado cansadas para escoger una solución. Esencialmente, me paralizó la fatiga.

Hoy día puedo reírme por la Gran Crisis de Ropa Interior del 2005. Es verdaderamente absurdo. Finalmente logré recomponerme, pesqué un par de calcetines a juego (creo) de la cesta de la ropa sucia, y seguí adelante con mi día. Estuve perdido en la desesperación solo por un momento, pero fue un momento aterrador. Por lo tanto, cuando llegué a la oficina aproveché la primera oportunidad que tuve para confiarle el asunto a nuestro pastor ejecutivo principal: Tom Lane. Tom era y es un sabio consejero y amigo, y anciano de la iglesia. Había estado apoyando y sirviendo a pastores principales, por el tiempo como yo había sido cristiano. Tras describir mi colapso esa mañana, terminé con la pregunta que me había estado persiguiendo toda la mañana: «Tom, ¿estoy perdiendo la cordura?».

Él sonrió, y dijo: «No, Robert, solamente estás agotado. Has estado empujando demasiado duro y por demasiado tiempo. Solamente necesitas un descanso profundo y genuino». Y tenía razón. Yo me había convertido en otra víctima de la gran epidemia silenciosa de nuestros tiempos.

Epidemia es una palabra fuerte, pero es la apropiada aquí. Precisamente hace cien años atrás, otro tipo de azote barría el mundo y mató a millones de personas. Entre los años 1918 y 1920 unos quinientos millones de personas fueron contagiadas por la gripe española, y entre cincuenta y cien millones murieron en todo el mundo. En Estados Unidos se calcula que el veintiocho por ciento de la población llegó a estar infectada, y murieron entre 500 000 y 675 000 estadounidenses.

En el punto álgido de la epidemia, muchos estadounidenses abrían su periódico matutino cada día y encontraban dos listas de nombres en la portada. La más corta de las dos listas contenía los nombres de hombres de servicio del lugar que habían resultado muertos en la Primera Guerra Mundial. Una lista más larga contenía los nombres de quienes habían muerto por la gripe española.

Por fortuna, en el siglo que ha transcurrido desde aquellos tiempos aterradores, la ciencia y la tecnología han recorrido un largo camino hacia la eliminación de ese tipo espantoso de número de víctimas debido a la enfermedad. Pero ese progreso ha llegado con un precio. El auge de la tecnología moderna ha sido una espada de doble filo: acelerando el ritmo de la vida, extendiendo nuestros días laborales, y derribando las barreras entre el lugar de trabajo y el hogar.

Todo el mundo occidental experimentó estos cambios, pero la cultura única estadounidense los intensificó. Somos una nación construida sobre las ideas de libertad, individualismo y logro. Con la ayuda providencial de Dios, los fundadores crearon un lugar dinámico donde la clase o la situación al nacer no significaba casi nada. Todo aquel dispuesto a trabajar duro, sacrificarse y aplicarse podía lograr cualquier cosa. Estados Unidos se convirtió en un imán para los destituidos y oprimidos del mundo no a causa de su red de seguridad en cuanto a beneficios sociales (aún no existía). La nación americana se convirtió en la tierra prometida, porque una persona podía llegar sin una sola moneda en el bolsillo y mediante diligencia, ahorro, talento y ambición convertirse prácticamente en cualquier cosa que pudiera imaginar.

Sí, cualquier persona podía llegar donde pudieran llevarle su energía, creatividad y diligencia. Ese es el corazón del milagroso sueño americano. Es una cosa asombrosa. Pero a lo largo del camino durante estos últimos cien años dejamos a un lado algo que aquellas anteriores generaciones de estadounidenses entendían y consideraban sagrado. Algo que hacía que fuera posible vivir "la buena vida". Identificaremos y exploraremos con detalle ese "algo" perdido en las páginas que siguen. Por ahora, solamente sepa que su abandono ha desatado otro tipo de epidemia en nuestra tierra.

Es correcto; hoy día nuestra cultura de superación personal y autopromoción mediante el esfuerzo propio ha dado como resultado que decenas de millones de personas vivan agotadas y estresadas. Nunca estamos desconectados ni apagados. Nunca estamos tranquilos. Nunca *dejamos de* ser bombardeados por tareas, información, obligaciones, estímulos e irritaciones. Y eso se está cobrando una factura enorme en nuestro bienestar. Es una plaga de agotamiento de espíritu, alma y cuerpo.

> Nunca estamos desconectados ni apagados. Nunca estamos tranquilos.

No solo somos los adultos quienes sufrimos los efectos devastadores de esta pandemia del siglo XXI. Cada vez más, incluso los niños están cayendo víctimas de la obsesión de nuestra cultura por la ocupación. Cifras asombrosas de adolescentes y preadolescentes tienen horarios llenos, demasiados compromisos y poco descanso. Como resultado, también los niños muestran cada vez más todas las señales del estrés y el agotamiento.

No estoy señalando culpables aquí. Como ya he dejado claro, también yo he caído víctima de la plaga de nuestra época. De hecho, esta epidemia se acercó mucho a tumbarme en más de una ocasión antes de que el Señor abriera mis ojos a la llave espiritual descuidada y revolucionaria que le presentaré en las siguientes páginas. Me siento honrado y emocionado de poder ofrecerle la cura bíblica que me salvó a mí.

Hace medio siglo atrás, un médico de familia cristiano de Wisconsin llamado Richard Swenson escribió un libro oportuno y perspicaz impulsado por la firme corriente de personas estresadas, agotadas y quemadas que seguía tratándose en su consulta una semana tras otra. En *Margin: Restoring Emotional, Physical, Financial, and Time Reserves to Overloaded Lives* [Margen: Restauración de las reservas emocionales, físicas, financieras y de tiempo en vidas sobrecargadas], el Dr. Swenson diagnosticó una sola raíz de gran parte de la enfermedad y el colapso físico que le pedían que tratara en su consulta médica. ¿Ese diagnóstico? Demasiadas personas viven con demasiado poco en sus vidas de algo que él denominó "margen". Decía que la mayoría de nosotros vivimos vidas "sin margen". ¿Qué quería decir con esto el Dr. Swenson? Comenzó su libro contrastando la vida *con* margen y la vida *sin* él:

No tener margen es llegar treinta minutos tarde a la consulta del médico, porque salimos veinte minutos tarde del banco; porque nos demoramos diez minutos al dejar a los niños en la escuela; porque el auto se quedó sin gasolina a dos manzanas de la gasolinera; y olvidamos nuestra cartera. Margen, por otro lado, es que nos quede aliento en lo alto de la escalera, que nos quede dinero a final de mes, y que nos quede cordura al final de la adolescencia.

No tener margen es el bebé llorando y el teléfono sonando al mismo tiempo; margen es la abuela que se ocupa del bebé en la tarde. No tener margen es que nos pidan que transportemos una carga cinco libras (tres kilos) más pesada de lo que podemos levantar; margen es un amigo que transporta la mitad de la carga. No tener margen es no tener tiempo para terminar el libro que estamos leyendo sobre el estrés. Margen es tener tiempo para leerlo dos veces.[1]

Piense en esto: si una vida sin margen (y la factura física, mental, emocional y financiera que conlleva) era un problema significativo a mitad de los años noventa, con toda seguridad es mucho, mucho peor hoy en día. El libro del Dr. Swenson fue publicado en la época en que el correo electrónico y el Internet eran solamente novedades en forma de embrión, los teléfonos eran "celulares" pero no "inteligentes", y los futuros fundadores de Facebook, Twitter e Instagram eran niños preadolescentes que estaban en sus cuartos jugando a *Super Mario Kart* en consolas de juego Super Nintendo. Los cambios tecnológicos mareantes que han surgido a lo largo de las dos últimas décadas han servido solamente para llenar, apresurar y ajetrear nuestras vidas incluso más. En la actualidad, un amplio abanico de autoridades está haciendo sonar la alarma acerca de la factura física y mental que se está cobrando nuestra epidemia de no tener margen sobre todos nosotros como pueblo.

En el campo médico, por ejemplo, un artículo de 2017 para la CNN titulado "El estrés realmente nos está matando" reportaba: «Trastornos y enfermedades relacionados con el estrés han estado en aumento en toda la población durante décadas, según datos de los Centros para el Control y la Prevención de Enfermedades».[2]

En la misma línea, un estudio de 2016 midió lo que denominaba "carga de estrés fisiológico" de estadounidenses de todas las razas y niveles de ingresos. Descubrió que los indicadores de salud relacionados con enfermedades del corazón, riñón e hígado estaban muy vinculados a los niveles de estrés. También descubrió que la carga de estrés del estadounidense promedio ha estado aumentando rápidamente desde finales de la década de los setenta.[3] Según un experto sobre equilibrar el trabajo y la vida: «El estrés es un factor importante en cinco de cada seis causas principales de muerte: enfermedades cardíacas, cáncer, derrame cerebral, enfermedades respiratorias y accidentes. Se calcula que del 75% al 90% de todas las visitas al médico son por causas relacionadas con el estrés».[4]

Nuestra falta cada vez mayor de margen está dañando algo más que nuestro cuerpo, sin embargo. Como yo descubrí por las malas, hace estragos también en nuestra mente y nuestras emociones. Una fuente respetada en el Internet para información sobre salud mental enumera las siguientes como posibles señales de advertencia de cansancio o agotamiento emocional:[5]

- Sensación de fracaso y duda de uno mismo
- Sentirse indefenso, atrapado y derrotado
- Desapego, sentirse solo en el mundo
- Pérdida de motivación
- Perspectiva cada vez más cínica y negativa
- Menor satisfacción y sensación de logro

Actualmente, millones y millones de personas en nuestra cultura viven diariamente con estos síntomas. Hay demasiados de ellos que son creyentes. El consejero cristiano, David Murray, autor del libro *Reset: Living a Grace-Paced Life in a Burnout Culture* [Reiniciar: Vivir una vida a ritmo de gracia en una cultura de agotamiento], establece que estamos experimentando "una epidemia de agotamiento en la iglesia".[6] Sin duda es cierto entre mis compañeros pastores. Las palabras "agotamiento" y "ministerio" han llegado a estar muy relacionadas.

Para muchos estadounidenses y sus médicos, la senda hacia aliviar los efectos negativos del agotamiento y el estrés pasan aparentemente por la farmacia local. Un estudio en 2013 reveló que uno de cada seis estadounidenses adultos estaba tomando algún tipo de medicina psiquiátrica con receta como algún ansiolítico o antidepresivo.[7] Un porcentaje desconocido pero muy elevado de los individuos que toman esas medicinas probablemente esté sufriendo los efectos físicos o psicológicos de vivir sin margen. Simplemente tienen poco descanso crónicamente.

Los impactos físicos, emocionales y mentales son lo bastante inquietantes para cualquier individuo, pero cuando le añadimos los costos para toda nuestra sociedad, comienza a parecerse a una crisis. Un artículo en 2016 en la revista *Forbes* intentaba ponerle una etiqueta de precio al daño realizado a nuestra economía. El artículo citaba un estudio que calculaba que «tanto como un millón de personas al día falta al trabajo debido al estrés». El costo de esta productividad perdida se calculaba entre 150 mil millones de dólares y 300 mil millones de dólares anualmente para los empleadores estadounidenses.[8]

Sé que el agotamiento sin duda representó una crisis para mí, tal como lo hará para usted o para alguno de sus seres queridos.

Por lo tanto, ¿hay una respuesta? ¿Hay una cura para esta epidemia? Me alegra decir que la hay. Igual que la mayoría de las otras soluciones que realmente funcionan, descubriremos que ha estado ocultándose a plena vista todo el tiempo: en nuestra Biblia.

Notas

1. Richard A. Swenson, *Margin: Restoring Emotional, Physical, Financial, and Time Reserves to Overloaded Lives*, Kindle ed. (Colorado Springs: NavPress, 2002), p. 13.
2. Daniel Keating, "Stress Really Is Killing Us", CNN, 2017, https://www.cnn.com/2017/04/02/opinions/stress-killing-us-keating-opinion/index.html.
3. Diane Whitmore Schanzenbach et al., "Money Lightens the Load", HamiltonProject.org, 2016, http://www.hamiltonproject.org/papers/money_lightens _the_load.
4. Joe Robinson, "Three-Quarters of Your Doctor Bills Are Because of This", HuffingtonPost.com, 2013, https://www.huffingtonpost.com/joe-robinson/stress-and-health_b_3313606.html.
5. Melinda Smith et al., "Burnout Prevention and Treatment", Help Guide.org, consultado en línea, noviembre de 2018, https://www.helpguide.org/articles/stress/burnout -prevention-and-recovery.htm/.
6. David Murray, "4 Cultural Factors that Contribute to Our Epidemic of Burnout", Crossway.org, 2017, https://www.crossway.org/articles/4-cultural -factors-that-contribute-to-our-epidemic-of-burnout/.
7. Sara Miller, "1 in 6 Americans Takes a Psychiatric Drug", *Scientific American*, 2016, https://www.scientificamerican.com/article/1-in-6 -americans-takes-a-psychiatric-drug/.
8. Ashley Stahl, "Here's What Burnout Costs You", Forbes.com, 2016, https//www.forbes.com/sites/ashleystahl/2106/03/04/heres-what -burnout-costs-you/#318f26ee4e05.

CAPÍTULO 1

EL MANDAMIENTO OLVIDADO

No podemos quebrantar los mandamientos, solamente
podemos quebrantarnos a nosotros mismos contra ellos.
—G. K. Chesterton

Hace unos treinta y cinco siglos atrás, una vasta multitud de personas, quizá dos millones en número, estaban acampadas en la base
de las abruptas montañas que salpican el desierto al sur y el oeste
de la Israel actual. Estaban esperando. No estamos seguros de qué
esperaban. Su líder había subido al monte dos días antes para reunirse con el mismo Dios misterioso que, cincuenta días atrás, los
había sacado milagrosamente de la esclavitud en Egipto.

Las doce tribus de Israel estaban a punto de aprender que ellos,
mediante su representante Moisés, habían entrado en un pacto
sagrado con el Dios Altísimo. Este pacto los apartaría como un pueblo
único y especial entre todos los pueblos de la tierra. Se estaban convir-
tiendo en un pueblo escogido; pero escogido ¿para qué, exactamente?
Escogido para ser portadores de una simiente. Fueron escogidos para
llegar a ser un conducto genético, profético y cultural que finalmente
traería a la tierra al Salvador del mundo. Dios había estado por mucho
tiempo profetizando y haciendo planes para esta simiente. Este futuro

Redentor era "la simiente de la mujer" que un día aplastaría la cabeza de la serpiente, prometido mucho antes en el huerto inmediatamente después de la caída.[1] Esta misma simiente fue anunciada en la promesa a Abraham, el padre de la nación israelita, cuando Dios dijo: «En tu simiente serán benditas todas las naciones de la tierra».[2]

Esta simiente que los israelitas llevaban como pueblo escogido no era otra que el Redentor que finalmente nacería para deshacer toda la devastación que la caída de Adán había desatado sobre la tierra. La caída había separado al hombre de su Creador. La simiente prometida lo reconectaría, pero solamente si este pueblo podía sobrevivir y mantenerse separado según el plan de Dios durante otros 1500 años.

En otras palabras, el destino eterno de la humanidad misma dependía de la capacidad de los israelitas de seguir siendo un pueblo distinto y una sociedad saludable y exitosa a lo largo de los siglos.

Ahora bien, un pacto es como un contrato solo que mucho más solemne y sagrado. Cuando dos partes firman un contrato escrito, ambos reciben una copia para que puedan recordar lo que se ha acordado. Por lo tanto, Moisés al final regresó de su encuentro con el Creador en el monte llevando dos copias de un documento de pacto, una para el pueblo israelita y otra para Dios. En este caso, cada copia del acuerdo era una tabla de piedra con escritura en ambos lados. Esa escritura contenía diez estipulaciones o "mandamientos".

> Este pacto era formar un pueblo que pudiera mantenerse distintivo, intacto, saludable y próspero durante siglos.

Recordemos que el propósito de Dios al crear este pacto era formar un pueblo que pudiera mantenerse distintivo, intacto, saludable y próspero durante siglos en un mundo caído, torcido y decadente. Estos mandamientos fueron pensados divinamente para ayudarles a hacer precisamente eso. Eran el corazón de un sistema, junto con las regulaciones levíticas que se encuentran en los libros de Moisés de Levítico y Deuteronomio, que crearía una cultura y sociedad únicas, que pudieran resistir el ser corrompidas por los efectos devastadores de la idolatría, que pudieran mantener las familias intactas, los cuerpos y las mentes sanos, la tierra productiva, y el tejido social fuerte y resistente.

Estas diez sencillas estipulaciones del pacto, grabadas en esas tablas de piedra por el dedo de Dios, son un conjunto de reglas para la vida verdaderamente destacables. Contenían la sabiduría para vivir una buena vida y formar una sociedad fuerte. Es obvio que el pueblo israelita en conjunto nunca cumplió estos mandamientos fielmente ni totalmente; sin embargo, hubo bastantes personas que se los tomaron lo suficientemente en serio y con la frecuencia suficiente para mantener al pueblo judío intacto y diferente a lo largo de siglos de invasión, amenaza, crisis, exilio y regreso. El tiempo suficiente para que llegara el cumplimiento del tiempo para la venida de aquella simiente prometida. Y mientras más estrictamente se adherían a esas reglas, mejor les iba como pueblo.

Los tres primeros mandamientos se centraban en cómo debía relacionarse el individuo con Dios (no adorar a otros dioses; no hacerse ídolos; no tomar el nombre de Dios en vano). Al mismo tiempo, los seis últimos mandamientos hablaban de cómo debía relacionarse el individuo con otras personas (honrar a los padres; no robar; no matar; no mentir, etc.).

Por lo tanto, esos son los tres primeros, y los seis últimos. Eso suma nueve mandamientos. ¿Y qué del cuarto mandamiento que falta? Bueno, es algo único. En cierto sentido, en siete palabras sencillas habla de cómo debe relacionarse el individuo con Dios, consigo mismo y con la creación: «Acuérdate del día de reposo para santificarlo».[3] Sin embargo, Dios no se arriesgó a que su pueblo malentendiera cómo era acordarse y guardar el día de reposo, así que siguió este mandamiento con muchas explicaciones. De hecho, Moisés siguió directamente este mandamiento ¡con más comentarios que de cualquiera de los otros nueve!

«Seis días trabajarás, y harás toda tu obra; mas el séptimo día es reposo para Jehová tu Dios; no hagas en él obra alguna, tú, ni tu hijo, ni tu hija, ni tu siervo, ni tu criada, ni tu bestia, ni tu extranjero que está dentro de tus puertas. Porque en seis días hizo Jehová los cielos y la tierra, el mar, y todas las cosas que en ellos hay, y reposó en el séptimo día; por tanto, Jehová bendijo el día de reposo y lo santificó».[4]

Sí, había (y hay) algo especial con respecto a este mandamiento en particular. Dios lo incluyó y lo enfatizó porque contiene una importante clave para el éxito de los israelitas como pueblo. Era tan importante para el bienestar y la supervivencia de Israel que Dios estableció graves castigos por quebrantarlo. Según la ley mosaica, quebrantar el día de reposo conllevaba la pena de muerte. Once capítulos después en Éxodo, aquí está lo que encontramos que Dios le dice a Moisés:

«Así que guardaréis el día de reposo, porque santo es a vosotros; el que lo profanare, de cierto morirá; porque cualquiera que hiciere obra alguna en él, aquella persona será cortada de en medio de su pueblo. Seis días se trabajará, mas el día séptimo es día de reposo consagrado a Jehová; cualquiera que trabaje en el día de reposo, ciertamente morirá».[5]

Pero ¿realmente Dios tenía intención de que esto se ejecutara? ¿Iba de verdad en serio al hablar de que trabajar en el día de reposo suponía un castigo capital? Encontramos nuestra respuesta en un incidente registrado en el libro de Números:

«Cierto día, mientras el pueblo de Israel estaba en el desierto, descubrieron a un hombre que recogía madera durante el día de descanso. Los que lo encontraron lo llevaron ante Moisés, Aarón y el resto de la comunidad. Lo mantuvieron bajo vigilancia, pues no sabían qué hacer con él. Entonces el Señor le dijo a Moisés: "¡El hombre debe ser ejecutado! Toda la comunidad lo apedreará fuera del campamento". Así que la comunidad entera sacó al hombre del campamento y lo apedrearon a muerte, tal como el Señor le había ordenado a Moisés».[6]

Sí, según la instrucción directa de Dios, ejecutaron al hombre por recoger madera durante el día de descanso o reposo. Claramente, Dios iba muy en serio con respecto a no trabajar en el día de reposo. Profanar el día de reposo era sin duda una de varias de las leyes levíticas que suponían la pena de muerte, entre ellas asesinato, violación y bestialidad. Sí, el día de reposo era un asunto serio para Dios.

Entiendo que esto parece excesivamente duro para nuestras mentes modernas. Después de todo, el hombre solo estaba recogiendo madera para la leña, nada más.

Pero debemos tener en mente que las leyes que Moisés entregó a los israelitas estaban pensadas para beneficio de ellos *y* para asegurar el éxito de su grandioso plan de redención. Esas leyes contenían principios para seguir siendo individuos y familias sanas, y fuertes como sociedad. Dios entendía lo que nosotros está claro que no entendemos; es decir, que una sociedad en la que las personas trabajan siete días por semana es tan vulnerable a colapsar como una sociedad en la cual las personas son libres para violar y asesinar sin consecuencias. Dios estaba creando una cultura y un pueblo que pudieran sobrevivir y prosperar para que, en el cumplimiento del tiempo, su Hijo unigénito pudiera entrar en el mundo por medio de ellos.

Es muy importante, así que volveré a decirlo. El destino de todo el plan de redención de Dios para el planeta Tierra descansaba en formar un pueblo único, resistente, sano y apartado. Y claramente, descansar un día por semana era una clave tan vital para ser un pueblo así, que Dios hizo que fuera una de sus diez estipulaciones centrales inscritas en su pacto con Israel.

Ahora bien, voy a plantear una pregunta: si Dios era tan serio con respecto al día de reposo, ¿cuán serios deberíamos ser nosotros al respecto en la actualidad? Profundicemos en la Palabra de Dios para descubrirlo.

Hay un descanso en espera

Para mí, chocarme contra la pared del agotamiento me hizo enfrentarme cara a cara con el principio de sabiduría vital insertado en el cuarto mandamiento. Hablo del principio del descanso o reposo. Este principio es un hilo que discurre por toda la Biblia.

Cuando comenzamos a buscarlo, lo vemos a lo largo de la Escritura, ¡el Nuevo Testamento incluido! Es un ejercicio esclarecedor explorar esta verdad en nuestra Biblia, de modo que vamos a comenzar con el libro de Hebreos, un libro del Nuevo Testamento dedicado casi por completo a explicar cómo se relaciona el Nuevo Pacto con el Antiguo. En el capítulo 4 tenemos un pasaje completo que habla del principio del descanso:

«Pues solo los que creemos podemos entrar en su descanso. En cuanto a los demás, Dios dijo: "En mi enojo juré: 'Ellos nunca entrarán en mi lugar de descanso'", si bien ese descanso está preparado desde que él hizo el mundo, sabemos que está preparado debido al pasaje en las Escrituras que menciona el séptimo día: "Cuando llegó el séptimo día, Dios descansó de toda su labor". Pero en el otro pasaje Dios dijo: "Ellos nunca entrarán en mi lugar de descanso"».[7]

Aquí, un libro del Nuevo Testamento cita y referencia dos pasajes clave del Antiguo Testamento sobre el descanso. Primero, nos dirige a Salmos 95:11 («Ellos nunca entrarán en mi lugar de descanso»), y después nos señala el camino hasta las primeras páginas de nuestra Biblia, hasta el relato de la creación en el capítulo 2 de Génesis («Cuando llegó el séptimo día, Dios descansó de toda su labor»). Observemos que Dios estableció y modeló el principio del descanso desde el inicio mismo de la creación. Exploraremos aún más esa verdad en un momento.

Observe también cómo el autor, inspirado por el Espíritu Santo, pasa entonces a conectar estos dos pasajes del Antiguo Testamento el uno con el otro:

«Así que el descanso de Dios está disponible para que la gente entre, pero los primeros en oír esta buena noticia no entraron, porque desobedecieron a Dios. Entonces Dios fijó otro tiempo para entrar en su descanso, y ese tiempo es hoy. Lo anunció mucho más tarde por medio de David en las palabras que ya se han citado: "Cuando oigan hoy su voz no endurezcan el corazón". Ahora bien, si Josué hubiera logrado darles ese descanso, Dios no habría hablado de otro día de descanso aún por venir. Así que todavía hay un descanso especial en espera para el pueblo de Dios».[8]

Esto me resulta asombroso. En nuestro Nuevo Testamento, el autor de Hebreos declara que hay un día de descanso «en espera para el pueblo de Dios». La versión Reina-Valera 1960 dice: «Por tanto, queda un reposo para el pueblo de Dios». Habla de usted y yo, a propósito. Eso significa que actualmente hay un descanso en el que usted y yo podemos y deberíamos entrar. Es una invitación abierta y permanente; pero según este pasaje, entrar en ese descanso es un acto de obediencia. En otras palabras, podemos escoger *no* entrar. ¿Qué tipo de obediencia es necesaria? El autor de Hebreos respondió esa pregunta en el capítulo anterior señalando al modo en que los hijos de Israel fueron llamados a "creer en Dios" y, en fe, ir y tomar posesión de la tierra prometida donde podían estar en reposo como nación. El escritor apuntó que la primera generación de israelitas liberados se negaron a hacerlo y, como resultado, murieron en el desierto. Debido a la incredulidad se negaron a entrar en el descanso que Dios había preparado y les había otorgado.[9]

El hecho es que el principio del descanso es un patrón establecido desde el inicio de la creación y sigue estando en vigencia en la actualidad. Como hemos visto, Dios lo inscribió personalmente en los Diez Mandamientos. También hemos visto que está revalidado en el Nuevo Testamento. Y aunque como pastor yo estaba familiarizado con el principio, su importancia y relevancia no habían estado totalmente claras para mí hasta que me choqué contra esa pared de agotamiento que describí al inicio de este libro. Con la mejor de las intenciones, había permitido que mi amor por la gente y las demandas de liderar una iglesia llenaran progresivamente cualquier espacio para un descanso real en mi vida. Como yo ignoraba crónicamente el principio del día de reposo, no podía participar en el plan divino de Dios de la restauración.

Hay demasiados cristianos que están cometiendo el mismo error terrible. Muchos lo hacen porque les han enseñado que nada del Antiguo Testamento se aplica a ellos. Examinemos esa conjetura.

Ley, gracia y principios

¿Cómo deberían los creyentes del nuevo pacto considerar las leyes del antiguo pacto y relacionarse con ellas? Es una pregunta con la que teólogos, pastores y creyentes han batallado desde los primeros días de la Iglesia. Vemos a los apóstoles originales lidiando con ella en los primeros capítulos del libro de Hechos. Grandes secciones de las numerosas epístolas de Pablo hablan también de este tema. Mientras escribo estas palabras, hay actualmente grandes debates sobre esta misma cuestión en el mundo evangélico.

Aquí está la buena noticia. La comprensión misma que acabamos de explorar sobre *por qué* Dios dio las leyes del viejo pacto (es decir, crear un pueblo separado, sano y próspero que pudiera llevar la simiente del Redentor en este mundo caído hasta que finalmente llegara su tiempo de venir) nos da la clave para entender cómo relacionarnos con esas leyes bajo el nuevo pacto.

El Nuevo Testamento es claro en que nuestra salvación eterna, nuestro perdón y nuestra relación correcta con Dios están arraigados plenamente y completamente en la obra terminada de Jesús en la cruz. Somos hechos justos con *su* justicia,[10] lo cual es bueno porque nuestra propia justicia es completamente y lamentablemente inadecuada.

Una cosa es decir que, bajo el nuevo pacto, guardar las leyes mosaicas ya no tiene nada que ver con nuestra salvación y nuestra relación con Dios (cierto). Pero otra cosa es afirmar que esas leyes ya no contienen principios para vivir bien, o para vivir el tipo de vida que agrada a Dios (¡falso!).

Dicho de otro modo, las leyes del viejo pacto, especialmente los Diez Mandamientos, siguen reflejando los valores, el carácter y la sabiduría de Dios para la vida. Ya no son "leyes" que hay que cumplir, pero aun así son principios de sabiduría a los que prestar atención. Por ejemplo, el sexto mandamiento dice: «No matarás». Ahora pregúntese: ¿Ha cambiado Dios su actitud hacia el asesinato ahora que estamos en el nuevo pacto? Claro que no. E ignorar ese mandamiento no conducirá a una vida buena y feliz; y sin duda no dará como resultado una vida que agrada y glorifica a Dios. Lo mismo puede decirse de cada uno de los otros nueve mandamientos. Dios hizo las leyes en el antiguo pacto precisamente porque sabía que ayudarían a Israel a tener éxito. La sabiduría que contienen esos mandamientos no se evaporó en el momento en que llegó el nuevo pacto. La sabiduría sigue siendo sabiduría, incluso si el cumplimiento de la ley ya no es el camino hacia una relación con Dios.

Por ejemplo, la ley de Moisés no existía cuando Dios estaba creando el mundo, y sin embargo encontramos el principio del día de reposo visiblemente presente en el relato que hace Génesis de la creación. De hecho, vimos que la explicación de Moisés del cuarto mandamiento señalaba al descanso de Dios el séptimo día:

«Porque en seis días hizo Jehová los cielos y la tierra, el mar, y todas las cosas que en ellos hay, y reposó en el séptimo día; por tanto, Jehová bendijo el día de reposo y lo santificó».[11]

Dios mismo reposó el séptimo día. En otras palabras, Él modeló este principio desde el inicio. Es así de importante. Aun así, muchos creyentes (quizá la mayoría), suponen que como el cuarto mandamiento está en el Antiguo Testamento y es parte de la ley mosaica, entonces podemos ignorarlo libremente. Pero ¿es ese realmente el caso?

Yo aprendí por las malas que hay beneficios en observar los principios integrados en los Diez Mandamientos, y que hay consecuencias cuando no lo hacemos. Aquí tenemos un pequeño ejercicio que debería aclarar a qué se debe eso: voy a enumerar varios de los otros mandamientos que Dios dio al pueblo de Israel por medio de Moisés. Lea cada uno de los diez y hágase dos preguntas: «¿Hay beneficios en incorporar este mandamiento a mi vida?», y «¿Hay consecuencias negativas en la vida si no lo hago?».

El primer mandamiento: «No tendrás dioses ajenos delante de mí».

Como creyente cristiano en Jesucristo del nuevo pacto, ¿hay beneficios en no adorar a dioses ajenos? ¿Hay consecuencias negativas en vivir un estilo de vida de idolatría? Es ciertamente posible que un creyente convierta su riqueza, sus logros, su estatus, o cualquier otra cosa en un ídolo. ¿Cómo tienden a ir las cosas en la vida para las personas que hacen un ídolo de cualquiera o cualquier cosa? No muy bien, según mi experiencia.

Veamos el sexto mandamiento: «No matarás». De nuevo, pregúntese: «¿Hay beneficios en obedecer este mandamiento?» Supongo que responderá un sí a eso. «¿Y hay consecuencias negativas en ignorarlo?». Confío en que estará de acuerdo en que las hay.

Podríamos hacer el mismo ejercicio con los mandamientos que prohíben el adulterio, robar, mentir y codiciar. En cada caso, casi todos los cristianos racionales estarían de acuerdo en que estamos mejor al seguir estos mandamientos de Dios como principios de sabiduría, aunque estén integrados en el Antiguo Testamento. Creemos que son plenamente relevantes en la actualidad, aunque, como deja claro el apóstol Pablo en el libro de Gálatas, estamos bajo la gracia en lugar de la ley por lo que se refiere a nuestra posición ante Dios.

Afirmamos estos otros mandamientos sin dudar porque entendemos claramente que quebrantarlos hará daño a nosotros mismos, a otros, a nuestra comunidad, o a los tres. Cuando lo pensamos, esa es realmente la naturaleza de todo lo que Dios cataloga como "pecado". Piénselo. Todo lo que la Palabra de Dios llama pecado es realmente dañino al final para la persona que lo comete, para otra persona, o para el tejido de la sociedad. En otras palabras, las barreras de nuestro Dios sabio y amoroso y las señales de "No entrar" en torno a ciertas cosas son totalmente para nuestra protección y la protección de quienes nos rodean.

Por lo tanto, ¿por qué dejamos fuera de esta lógica el cuarto mandamiento? *¿Por qué los cristianos del Nuevo Testamento seguimos respaldando sinceramente los mandamientos contra el asesinato, el adulterio, y deshonrar a los padres a la vez que nos sentimos totalmente libres de aceptar la sabiduría del mandamiento sobre descansar un día de cada siete?*

Parece que a menudo actuamos como si creyéramos que deberíamos guardar nueve de los Diez Mandamientos. Por alguna razón, el cuarto es el único que pensamos que podemos ignorar libremente sin incurrir en consecuencias negativas para nosotros mismos y para otros. Decimos: «¡Eso es legalismo! Eso no es para el presente».

> La sabiduría integrada en el cuarto mandamiento de Dios *es* para el presente.

Como yo aprendí, la sabiduría integrada en el cuarto mandamiento de Dios *es* para el presente. Ese es exactamente el punto que el autor de Hebreos estaba comunicando cuando, a este lado de la cruz, escribió: «Si oyereis *hoy* su voz, no endurezcáis vuestros corazones» (énfasis del autor).[12]

Yo tuve que llegar a la comprensión de que honrar el día de reposo está en la misma lista que no matar a nadie. No hay ningún motivo lógico o bíblico para honrar uno y descartar el otro.

Por favor, entienda que soy un hombre de gracia. Me encanta la revelación del Nuevo Testamento de la gracia de Dios como se expresó al enviar a su Hijo. Jesús hizo lo que nosotros mismos no podíamos hacer. Él cumplió todos los requisitos de la ley por nosotros. Él vivió una vida de rectitud perfecta y después murió en la cruz en nuestro lugar. El resultado es que quienes dicen sí a su oferta de vida eterna reciben *su* justicia. Como escribió Pablo:

«Al que no conoció pecado, por nosotros lo hizo pecado, para que nosotros fuésemos hechos justicia de Dios en él».[13]

¡Esto es una cosa muy importante de entender! Nuestra posición correcta ante Dios se basa completamente y totalmente en la realidad de que, como creyentes nacidos de nuevo, nos basamos en la justicia de Jesús y no en la nuestra propia. Isaías nos recuerda que nuestros mejores esfuerzos por vivir justamente son como trapos de inmundicia[14] en relación con el nivel de justicia requerido para estar delante de un Dios santo y perfecto. Tenemos vida eterna, aceptación y conexión con Dios únicamente debido a que la justicia perfecta de Jesús nos ha sido imputada e impartida.[15]

Sin embargo, la verdad muy real de que cumplir la ley no nos salva ni puede hacerlo, no niega la sabiduría integrada en los Diez Mandamientos, o en otros aspectos del sistema del antiguo pacto como el principio de las "primicias" (hablé del poderoso principio de las primicias extensamente en mis libros anteriores, *Una vida de bendición* y *Más allá de toda bendición*).

La sabiduría contenida en las leyes del Antiguo Testamento no dejó repentinamente de ser sabiduría el fin de semana que Jesús murió en la cruz y resucitó de la muerte. De hecho, el profeta Jeremías tuvo una vislumbre profética del nuevo pacto que Jesús instituiría, y escribió lo siguiente:

«He aquí que vienen días, dice Jehová, en los cuales haré nuevo pacto con la casa de Israel y con la casa de Judá... Pero este es el pacto que haré con la casa de Israel después de aquellos días, dice Jehová: *Daré mi ley en su mente, y la escribiré en su corazón*; y yo seré a ellos por Dios, y ellos me serán por pueblo» (énfasis del autor).[16]

En el Nuevo Testamento, Hebreos 10:16 cita esta profecía y afirma que la fe cristiana es ciertamente ese nuevo pacto que anunció Jeremías. El milagro del nuevo nacimiento hace varias cosas extraordinarias en el interior de cada persona que dice sí a la misericordiosa oferta de salvación de Dios en su Hijo. Hace que un espíritu antes muerto esté vivo con la vida de Dios. Limpia la conciencia. Imparte un espíritu de adopción mediante el cual el corazón comienza a reconocer que Dios es el Padre amoroso de una persona. Sin embargo, hace algo adicional; algo muy importante. El nuevo nacimiento *escribe la ley de Dios en nuestros corazones*.

Usted, el creyente, ya no necesita referirse a tablas de piedra. Las cosas que agradan a Dios están grabadas en su ser interior. Esas leyes no se tratan de intentar ganarnos el amor o el favor de Dios. El Espíritu de Dios no las escribió en su corazón para que usted pudiera intentar ser lo suficientemente "bueno" para merecer alguna bendición de Dios. No, se tratan sobre vivir una vida de máximo impacto para el reino de Dios. Una buena vida. Una vida saludable. Una vida que resplandece en un mundo oscuro y sin esperanza para que otros puedan ser atraídos a su luz.

El descanso es un paso de fe

Como nos recordó el autor de Hebreos, honrar el principio del día de reposo requiere fe. Es cierto. Cuando hablo a cristianos sobre desconectar durante un día entero cada semana, lo que veo con frecuencia en sus caras es temor o incredulidad. Casi puedo ver los pensamientos que pasan por sus mentes: *¿Está bromeando? No puedo simplemente no hacer nada durante un día por semana. Tengo demasiado que hacer. Muchas personas dependen de mí. ¡Todo se caerá en pedazos!* Reconozco ese tipo de pensamiento porque yo mismo tenía esos mismos pensamientos.

Esta respuesta de temor es muy parecida a lo que encuentro en cristianos cuando presento la verdad bíblica sobre el diezmo. Muchos lo ven en la Palabra de Dios, pero se quedan helados por pensamientos como: *Yo no me puedo permitir diezmar. ¡Apenas me las arreglo ahora!* Si ha leído mi libro anterior, *Más allá de toda bendición*, o su predecesor, *Una vida de bendición*, entonces ya sabe cómo respondo a esas objeciones. Yo mismo y millones de personas hemos aprendido que puedo vivir mucho mejor con el noventa por ciento de mis ingresos que tienen la bendición de Dios sobre ellos que con el cien por ciento sin ninguna bendición. Diezmar requiere fe en el poder de Dios, su capacidad y fidelidad para responder con bendición sobrenatural a mi disposición de ponerlo a Él en primer lugar en mis finanzas. Del mismo modo, honrar el principio del día de reposo requiere fe en que Él hará lo mismo cuando siga sus principios con mi tiempo.

Mientras que la tierra prometida era un territorio físico real que Dios prometió al pueblo de Israel, nuestro lugar de reposo incluye lo físico, pero trasciende a ello. Sí, somos llamados a descansar físicamente, pero Dios también nos llama a descansar espiritualmente, emocionalmente y mentalmente. Honrar el principio del día de reposo revela un nivel profundo de confianza en Dios, confianza en que Él nos empoderará para lograr todo lo que Él nos ha llamado a hacer en seis días por semana, porque hemos sido obedientes a estar tranquilos durante un día.

Ahora bien, si la idea de tomarse un día libre le causa más estrés y preocupación, está pasando por alto el principio del reposo. No es una ley que tenga usted que seguir; se trata de llegar a un lugar de fe y confianza en que Dios es nuestro proveedor, ¡y podemos vivir un *estilo de vida* de reposo! Ninguna preocupación, ninguna ansiedad, ningún temor, y ningún horario apresurado. No solo un día de descanso, sino también una actitud de descanso que impregna cada día, cada semana, ¡todo el año!

> El reposo es un paso de obediencia por la fe.

El escritor de Hebreos parece reconocer que esto no es una cosa fácil de hacer. Tras destacar que el reposo es un paso de obediencia por la fe, explica que tenemos que ser intencionales sobre descansar. En el versículo 11 del capítulo 4, lee:

«Procuremos, pues, entrar en aquel reposo, para que ninguno caiga en semejante ejemplo de desobediencia».

La Nueva Traducción Viviente expresa el significado de esta exhortación:

«Entonces, hagamos todo lo posible por entrar en ese descanso, pero si desobedecemos a Dios, como lo hizo el pueblo de Israel, caeremos».[17]

¿Por qué se requiere que hagamos todo lo posible por entrar en el descanso que es tan importante para Dios? Porque el enemigo de nuestra alma y todo en nuestro mundo caído y natural intentan evitar que entremos en ese descanso. Y si fracasan, intentarán sacarnos de esa posición de descanso si pueden. Mi casi colapso ofrece una clara ilustración de por qué es así. El agotamiento estuvo cerca de destruir todo lo que Dios quería lograr por medio de mí en los años posteriores.

Dios sabía que los israelitas no podrían desempeñar su papel vital en su plan de redención si no observaban el principio del descanso. De igual manera sabe que usted y yo no podremos desempeñar nuestros papeles en su plan para nuestra generación si ignoramos ese principio en el presente.

Como pueblo, estamos pagando un alto precio por quebrantar el principio de Dios del descanso. No solo se está cobrando factura en nuestra mente y cuerpo, sino que también está dañando nuestro matrimonio, nuestra familia, nuestra carrera profesional, y más trágicamente, nuestro testimonio a un mundo perdido y moribundo. (Hablaré más sobre esto en el capítulo 8).

Por muchos años yo no entendí el valor de reposar profundamente con Dios y en obediencia a su sabiduría, pero no es porque el Señor no intentara comunicarse conmigo. Recuerdo claramente una ocasión en particular de mucho tiempo antes de que fundara la Gateway Church. En aquel momento yo estaba en el equipo pastoral de otra iglesia.

Un día llamé a un pastor amigo mío para programar un almuerzo con él. Ambos miramos nuestros calendarios, y le pregunté: «¿Qué tienes programado para el próximo jueves?».

Él: «Nada».

Yo: «¡Estupendo! Vayamos a almorzar el próximo jueves».

Él: «No, lo siento. No puedo el jueves».

Yo (confuso): «Ah, entonces sí tienes algo que hacer el jueves».

Él: «No. No tengo absolutamente nada que hacer el jueves».

Yo (irritado): «Bien, ¡almorcemos entonces!».

Él: «Robert, no lo entiendes. Estoy mirando mi horario y tengo escrita la palabra "nada" el día entero del jueves. El próximo jueves tengo programado de modo deliberado e intencional no hacer nada. Y nada es precisamente lo que planeo hacer».

Finalmente encontramos un día en el que ambos estuvimos de acuerdo en conectar. Aquello le dio la oportunidad de explicarse mejor mientras almorzábamos. Me dijo: «Robert, como sabes, estuve muy cerca de morir hace unos años atrás. Mientras estaba en la cama en el hospital tuve mucho tiempo para hablar con Dios. Recuerdo decir: "Señor, soy tu siervo. Intento servirte. Me estoy esforzando al máximo para hacer lo que me has llamado a hacer. ¡No entiendo por qué estoy tan enfermo!". Entonces el Señor me respondió con firmeza, pero también con bondad: "Hijo, has estado quebrantando mis principios. Quebrantas el día de reposo. Constantemente estás yendo y haciendo. No descansas un día por semana, y esa es la razón de tus problemas de salud. Yo no te causé todo esto; fuiste tú mismo". Entonces decidí allí mismo comenzar a descansar un día por semana».

Desde luego, ese pastor amigo se recuperó totalmente y estaba más fuerte y más sano que nunca. Cuando almorzábamos, me dijo: «Ahora programo tiempo deliberadamente para no hacer nada un día cada semana. He aprendido que, si no lo hago, no sucederá».

El Señor intentó ayudarme por medio de mi amigo aquel día, pero yo no capté el mensaje. Todos estos años antes, Él estaba intentando darme una vislumbre de dónde yo terminaría si no practicaba el principio que mi amigo me estaba proclamado. Fue como si Él estuviera diciéndome amorosamente: «Tengo cosas importantes para que hagas más adelante, Robert. Cosas que ni siquiera puedes imaginar en este momento, pero si no aprendes a honrar este principio, llegará el día en que ya no tendrás otra opción sino la de detenerte y descansar. No puedes quebrantar mis principios. Solamente puedes quebrantarte tú mismo contra ellos».

Sin duda, ya conoce la cuestión clave de esta historia. No presté atención a aquella advertencia, y finalmente, años después, me choqué contra la pared. Como ya he dicho, entrar en un estilo de vida de descanso es un paso de fe. Cuando capté esa revelación y di el paso, me puse serio con respecto al principio del descanso.

> Entrar en un estilo de vida de descanso es un paso de fe.

Quizá le tome algún tiempo a Dios conseguir que se me meta algo en la cabeza, pero cuando lo consigue, eso se aferra y no lo suelto.

Descanso: mejor tarde que nunca

Como pastor fundador de una iglesia que está en modo hipercrecimiento, yo sabía que necesitaba hacer algunos ajustes importantes en mi vida laboral si quería incorporar verdaderamente la sabiduría del cuarto mandamiento a mi vida. Como iglesia, ya habíamos comenzado a tener varios servicios cada día tanto el sábado como el domingo. Los fines de semana eran mis días más ocupados, los días más agotadores físicamente, emocionalmente y espiritualmente. Y los días laborables tendían a estar llenos a rebosar de reuniones, viajes ministeriales, desayunos de trabajo, almuerzos de trabajo y preparación de sermones.

Para las tribus de Israel, el sábado era la única opción para tener un día de reposo. Dios había ordenado muy explícitamente que el séptimo día de la semana fuera apartado para descansar porque Él descansó de sus labores creativas después del sexto día. Hay algunas corrientes y denominaciones cristianas en la actualidad que defienden que el sábado es el día de descanso que es aceptable para Dios. Por ejemplo, la denominación de los Adventistas del Séptimo Día tiene una fuerte convicción al respecto, ¡y lo incorporan en su propio nombre! Ahora bien, he conocido a muchas personas adventistas del séptimo día a lo largo de los años, pero esta perspectiva puede cruzar la línea hacia el legalismo.

Por favor, recuerde que en el nuevo pacto no intentamos cumplir la letra de la ley. De todos modos, eso es imposible.[18] Estamos honrando los principios eternos contenidos en los mandamientos de Dios a la vez que descansamos en la obra terminada de Jesús en la cruz por nuestra justicia y relación correcta con Dios. Los fariseos criticaron duramente a Jesús por sanar en el día de reposo. Habían perdido de vista el *espíritu* de la ley y estaban obsesionados con ser rigurosos con respecto a la *letra* de la ley.

El principio del día de reposo es apartar y proteger un día de cada siete y dedicarlo al descanso y la comunión con Dios. En esta era del nuevo pacto, no es esencial que este día especial sea el sábado. Eso son buenas noticias para los pastores que predican los sábados, y otros cuyas profesiones requieren que trabajen los sábados. Otro día irá igualmente bien.

Décadas antes que yo, mi amigo pastor había descubierto una clave importante no solo para sobrevivir sino también para prosperar realmente. El principio es simplemente que un día de cada siete debe apartarse y protegerse ferozmente. No importa qué día de la semana sea. Yo escogí el lunes como mi día de reposo semanal; sin embargo, cuando acepté este principio y comencé a instituirlo, descubrí rápidamente que el mundo entero conspiraba constantemente para apartarme de esa postura. Aprendí que frecuentemente tenía que ser firme y ocasionalmente implacable a la hora de proteger ese día contra invitaciones e intrusiones. La mayoría de ellas venían de buenas personas con las mejores de las intenciones.

Aprendí a ser muy claro con el equipo de nuestra iglesia, mis amigos y mis colegas en todo el país. Al principio llamé a mi nuevo día programado para no hacer nada "mi día libre", pero descubrí que este término no comunicaba la importancia y santidad de lo que ese día significaba para mí y para el Dios a quien sirvo. Recibía una invitación para hacer algo un lunes y respondía: «Lo siento, no puedo. El lunes es mi día libre». Para quien escuchaba, parecía que yo estaba siendo egoísta y perezoso, y finalmente aprendí a decir: «Lo siento. El lunes es mi día de reposo. Es santo para el Señor. Estoy comprometido delante de Dios a honrar ese principio en mi vida. ¿Hay otro día en el que podríamos hacer eso?».

Poco después, la mayoría de las personas en mi vida llegaron a entender esta firme postura, y esas invitaciones fueron menos frecuentes. Quienes más me amaban tendían a ser los más comprensivos porque veían el fruto que daba en mi vida honrar el día de reposo. Me veían cada vez más sano, más feliz, más agudo, más amable. Todo el mundo amaba al Robert más sano, más feliz, más agudo y más amable. Si yo no hubiera insistido en honrar el día de reposo, ¡ellos probablemente habrían insistido en mi lugar!

Sin embargo, aún tengo que ser firme ocasionalmente y dar un poco de enseñanza en el proceso. Recuerdo una ocasión en que un miembro del equipo, alguien que había estado cerca el tiempo suficiente para saberlo, se me acercó y me aconsejó: «Oye, sé que el lunes es tu día libre, pero sería estupendo si pudieras asistir a este [evento de algún tipo]. ¡Es una causa estupenda!».

A fin de establecer un punto, fingí estar ofendido y le respondí: «¿Me alentarías a cometer adulterio por una buena causa? ¿Me alentarías a robar o mentir por una buena causa? Te lo pregunto porque acabas de pedirme que quebrante uno de los Diez Mandamientos. ¿Está bien quebrantar mandamientos si es por una buena causa?». Mi sonrisa rompió la incómoda tensión momentánea e hizo saber al miembro del equipo que yo no estaba enojado. Pero él entendió el punto; es decir, que mi "día libre" es una cosa seria, importante y santa para mí. Espero que antes de que haya llegado a la última página de este libro, también lo sea para usted.

Dios va en serio con respecto a su descanso. Y tras la estela de mi episodio de la ropa interior y los calcetines, nos pusimos serios al respecto como iglesia. Uno de los primeros cambios que hicimos fue instituir una política de tiempo sabático para todos los pastores del equipo (hablaré más de los tiempos sabáticos en el capítulo 6). Además, los ancianos de la iglesia insistieron en que comenzara conmigo. Inmediatamente. Todos podían ver que yo estaba quemado y con el tanque vacío. Insistieron en que me tomara un tiempo libre para descansar, renovar y recargar.

> Dios va en serio con respecto a su descanso.

Ciertamente, yo había ido a toda marcha por más de cinco años desde el lanzamiento de la iglesia; por lo tanto, los ancianos de la iglesia votaron unánimemente para darme seis semanas de descanso sabático remunerado. ¡Eso significaba que iba a tener que desconectar durante seis semanas completas! Aquello me parecía una eternidad. Sin duda, estaba tan completamente agotado en todos los niveles de mi existencia que apenas sabía cuál era mi propio nombre, pero supuse que seis semanas de ocio eran más que suficientes para recargar mis baterías. Estaba equivocado.

A medida que se acercaba el final de aquella escapada de seis semanas, comencé a tener una sensación de inquietud. No hacía otra cosa sino estar con Debbie, leer, charlar, pasear y tener comunión con Dios, y sin embargo, seguía sintiéndome agotado. No sentía nada parecido a la sensación de restauración y renovación que había esperado sentir en ese punto. Alarmado, añadí otras dos semanas de tiempo de vacaciones a mi descanso sabático para ampliarlo hasta ocho semanas completas. Realmente no sabía qué otra cosa hacer. Había sido diligente en descansar, relajarme, y hacer solamente cosas que me resultaban divertidas y refrescantes. Estaba haciendo todo lo posible para descansar, y sin embargo me sentía agotado.

Entonces, una mañana en medio de aquella ampliación de dos semanas de descanso sabático, desperté y sentí que todo era diferente. Lo descubrí mientras estaba leyendo un libro. De repente, sentí una oleada de alivio que recorría todo mi ser. *¡He vuelto!* En voz alta proclamé con sorpresa y deleite: «¡Oigan! ¡Estoy renovado!». Me sentía como la persona que era antes de comenzar la iglesia cinco años atrás.

Durante cinco años había estado trabajando a toda marcha con solo días esporádicos de algo que se pareciera a descanso. Nunca antes había sido un pastor principal, y mucho menos uno que lideraba una iglesia que crecía a un ritmo de locura. No sabía cómo manejar el trabajo. No sabía cómo organizar el horario. Y lo más importante, no sabía cómo honrar y priorizar el principio del día de reposo. De hecho, en aquel quinto año ya no tomaba *ningún* tiempo libre. Tomé cero días de reposo durante todo ese año.

En el momento en que entendí que volvía a sentirme otra vez yo mismo, escuché la familiar voz interior del Señor que me preguntaba calladamente: «¿Cuántos días has estado de vacaciones y de descanso?». Los conté, y era el día cincuenta y tres de mi descanso sabático. Entonces escuché decir al Señor: «Debías cincuenta y dos días de reposo. Un año de días de reposo».

Recuerdo preguntarle como respuesta: «Ah, ¿te refieres a que te debía cincuenta y dos días?».

«No», respondió Él. «No dije que me los debías *a mí*. En realidad, te debías *a ti mismo* cincuenta y dos días. Robert, el día de reposo no es para mi beneficio; es para el tuyo». Justo entonces supe que nunca volvería a robarme a mí mismo el día de reposo. Me sentía refrescado y renovado sobrenaturalmente después de haberme pagado a mí mismo ese año entero de días de reposo abandonados.

> Me sentía refrescado y renovado sobrenaturalmente.

¿Es posible eso? ¿Podrían acumularse días de reposo no guardados en contra de una persona? ¿O de una nación? Encontramos la sorprendente respuesta en 2 Crónicas:

«Luego su ejército quemó el templo de Dios, derribó las murallas de Jerusalén, incendió todos los palacios y destruyó por completo todo lo que había de valor. Se llevaron desterrados a Babilonia a los pocos sobrevivientes, y se convirtieron en sirvientes del rey y sus hijos hasta que el reino de Persia llegó al poder.

Así se cumplió el mensaje del Señor anunciado por medio de Jeremías. La tierra finalmente disfrutó de su tiempo de descanso, y quedó desolada hasta que se cumplieron los setenta años, tal como el profeta había dicho».[19]

Ya aprendimos que Dios había ordenado a los israelitas que descansaran un día de cada siete. Pero ¿sabía que Él también les ordenó permitir que la tierra descansara un año de cada siete? ¡Lo hizo! El terreno de cultivo en la tierra de la promesa debía dejarse en barbecho cada séptimo año: un año sabático para la tierra. El Señor dio esta instrucción a Moisés en el monte Sinaí:

«Cuando hayáis entrado en la tierra que yo os doy, la tierra guardará reposo para Jehová. Seis años sembrarás tu tierra, y seis años podarás tu viña y recogerás sus frutos. Pero el séptimo año la tierra tendrá descanso, reposo para Jehová; no sembrarás tu tierra, ni podarás tu viña. Lo que de suyo naciere en tu tierra segada, no lo segarás, y las uvas de tu viñedo no vendimiarás; año de reposo será para la tierra».[20]

Como prácticamente todo lo demás que Dios enseñó a los israelitas que hicieran, esto es realmente una cosa sabia y prudente que hacer. Los investigadores agrícolas han demostrado que la tierra producirá más si los granjeros dejan en reposo un campo cada pocos años. Los nutrientes en el terreno se agotan, y dejar descansar la tierra permite que se recuperen. Actualmente, los agricultores rotan cosechas y utilizan grandes cantidades de fertilizantes en un intento por lograr el mismo efecto, pero de una manera mucho menos sana o natural.

Sin embargo, como acabamos de leer en 2 Crónicas, la nación de Israel no siguió este mandamiento. No confiaron en que Dios proveería para ellos en el año sabático. Este pasaje sugiere que los hijos de Israel descuidaron el reposo de la tierra, generación tras generación por un total de 490 años. Es correcto, ¡490 años! Eso supone una acumulación de setenta años perdidos de descanso sabático para la tierra.

Finalmente, la nación de Judá fue conquistada por los babilonios y llevada al exilio. Mientras la nación estaba cautiva en Babilonia, los campos de Israel quedaron en barbecho y sin plantar año tras año. ¿Le gustaría suponer cuantos años permaneció Israel en la cautividad? Es correcto. Como destacó el escritor de 2 Crónicas en el pasaje anterior, estuvieron en el exilio precisamente setenta años. Y 2 Crónicas 36:21 conecta directamente estos dos hechos al declarar: *«hasta que la tierra hubo gozado de reposo; porque todo el tiempo de su asolamiento reposó, hasta que los setenta años fueron cumplidos»* (énfasis del autor). Finalmente, la factura venció y Judá no recuperó su tierra hasta que fue pagada por completo.

El pueblo de Israel podría haber supuesto que Dios no iba en serio en su mandamiento de permitir descansar la tierra cada séptimo año. Después de todo, parecían seguir adelante sin consecuencias, década tras década, siglo tras siglo. De modo similar, yo pensé que podía ignorar el mandamiento de Dios de descansar un día de cada siete. Creía que no había consecuencias. Pero como ahora sabe, finalmente esa factura también venció. Me pagué a mí mismo de una vez mis cincuenta y dos días de días de reposo abandonados.

Observemos que Dios dijo: «... la tierra hubo *gozado* de reposo». Si Dios se interesa en que la tierra goce de descanso, ¿cuánto más se interesa en que usted goce del suyo? ¿Es posible que se deba a usted mismo algunos días de reposo? Nuestro Dios Padre bueno, misericordioso y amoroso designó el día de reposo para nuestro bien. Él quiere que lo *disfrutemos*. El descanso es parte del buen plan de Dios para usted. Un Diseñador maestro le creó de esa manera.

> Dios dijo:
> «... la tierra
> hubo *gozado*
> de reposo».

¿Le resulta familiar la descripción al inicio de este libro sobre vivir la vida sin margen? Bueno, la invitación de Jesús sigue ahí:

«Venid a mí todos los que estáis trabajados y cargados, y yo os haré descansar. Llevad mi yugo sobre vosotros, y aprended de mí, que soy manso y humilde de corazón; y hallaréis descanso para vuestras almas; porque mi yugo es fácil, y ligera mi carga».[21]

Demos otro paso en este viaje hacia el descanso examinando uno de los mayores obstáculos que enfrentará en el camino: sus propias buenas intenciones.

Notas

1. Ver Génesis 3:15
2. Génesis 22:18
3. Éxodo 20:8
4. Éxodo 20:9-11
5. Éxodo 31:14-15
6. Números 15:32-36, NTV
7. Hebreos 4:3-5, NTV
8. Hebreos 4:6-9, NTV
9. Ver Hebreos 3:19
10. Ver 2 Corintios 5:21
11. Éxodo 20:10-11
12. Hebreos 4:7
13. 2 Corintios 5:21
14. Ver Isaías 64:6
15. Ver Filipenses 3:9
16. Jeremías 31:31-33
17. Hebreos 4:11
18. Ver Romanos 7. Pablo explica que la ley fue dada para mostrar a la humanidad que somos pecadores y tenemos necesidad de un Redentor.
19. 2 Crónicas 36:19-21, NTV
20. Levítico 25:2-5
21. Mateo 11:28-30

CAPÍTULO 2

¿QUIÉN TIENE TIEMPO PARA DESCANSAR?

> Las personas esperan que estemos ocupados y sobre-
> cargados. Se ha convertido en un símbolo de estatus en
> nuestra sociedad: si estamos ocupados, somos impor-
> tantes; si no estamos ocupados, casi nos avergüenza
> admitirlo.
>
> —Stephen Covey, *Primero, lo primero*

El reporte enviado al gobernador de Japón simplemente lo llamaba "Sr. A" para proteger su identidad. Llamémosle Sr. Asako. Él había trabajado por varios años en una importante empresa japonesa procesadora de alimentos para refrigerios, con frecuencia trabajando hasta 110 horas cada semana. Solamente para situarlo en perspectiva, eso supone más de dos semanas y media de cuarenta horas de trabajo metidas en una. Trabajar 110 horas por semana requiere trabajar casi dieciséis horas al día durante siete días. Él hizo eso semana tras semana. Año tras año.

Encontraron muerto al Sr. Asako en su lugar de trabajo, víctima de un ataque al corazón.

Tenía treinta y cuatro años.[1]

En japonés lo llaman *karoshi*. Los chinos tienen su propia palabra para ello: *guolaosi*. Y en Corea del Sur lo llaman *gwarosa*. Los tres términos fueron acuñados bastante recientemente para describir algo tan nuevo que sus idiomas no tenían una palabra para ello. Estas palabras describen el acto de literalmente trabajar hasta morir. Estas tres culturas descubrieron que necesitaban una palabra para describir un fenómeno cada vez más común: personas que caen muertas en sus empleos como resultado de trabajar horas insanas, bajo intensa presión y con poco o ningún descanso. Se ha vuelto tan común, de hecho, que organizaciones internacionales de derechos humanos están llamando a los gobiernos de esas naciones a hacer algo al respecto.[2]

¿Por qué está emergiendo este fenómeno en Asia? Bueno, esa parte del mundo no tiene una herencia fundacional cristiana como aquella sobre la que se construyó la civilización occidental. Y el cristianismo tiene raíces judías. De hecho, numerosos expertos seculares en historia antigua acreditan al pueblo judío la invención de la semana de siete días que contiene un día de descanso. Es un concepto distintivamente judeocristiano.[3] Sin ese fundamento cultural, muchos patrones en Asia no tienen recelos en demandar que los empleados trabajen muchas horas, siete días por semana. Un artículo sobre el fenómeno *karoshi* comentaba: «No es poco frecuente que muchos empleados japoneses trabajen hasta muy tarde, hasta las dos o tres de la mañana, y después se espere de ellos que vuelvan a la oficina a las nueve de la mañana».[4]

No tengo que decir que el fundamento bíblico de nuestra cultura ha estado bajo ataque desde hace ya décadas. Como pueblo, parece que hemos intentado cortar nuestros vínculos con nuestras raíces cristianas tan rápidamente como podamos. Aun así, nuestra cultura contiene suficientes restos de nuestros valores cristianos y ética para proporcionar al menos un respeto residual por el día de descanso en nuestra cultura. Hace cuarenta años atrás, la mayoría de las tiendas en Estados Unidos estaban cerradas los domingos. Ya no es así, con la excepción de algunas empresas cuyos dueños son cristianos, como Chick-fil-A y Hobby Lobby. Estas culturas asiáticas no tienen ninguna tradición histórica correspondiente de descansar un día por semana y, como resultado, esa parte del mundo está experimentando una epidemia alarmante de muertes por *karoshi*. Al lado de esta tendencia trágica, los japoneses han tenido que inventar otra palabra nueva. *Karojisatsu* es la palabra que han dado a ser impulsado a cometer suicidio por la depresión y el agotamiento que causa la sobrecarga de trabajo. También este es un fenómeno creciente en Asia.[5] Como ya hemos visto claramente, no descansar regularmente causa estragos no solo en el cuerpo sino también en la mente y las emociones. Para números cada vez mayores de personas sobrecargadas de trabajo en estas culturas, el suicidio parece ser el único camino al descanso.

Por favor, entienda que no estoy señalando estas culturas para criticarlas. Nosotros los estadounidenses aún no hemos llegado a crear una palabra para trabajar hasta morir, pero probablemente pronto necesitaremos una. Yo sugeriría "síndrome de deficiencia de descanso", pero probablemente tiene demasiadas palabras para que sea pegadiza. Para los estadounidenses, no se trata necesariamente de trabajar dieciséis horas al día, siete días por semana, en un empleo. Se trata más de permitirnos a nosotros mismos ser llevados en una decena de direcciones diferentes todo el tiempo, cada día. Tenemos empleos que demandan la jornada completa, además de incontables cosas que compiten por la atención. Estamos crónicamente, interminablemente, terminalmente ocupados.

La ocupación excesiva es a menudo algo más que un mero

hábito. Para muchos, en realidad es una adicción, que es tan potente y controladora como cualquier adicción al alcohol o las drogas. La diferencia está en que nuestra cultura sigue mirando con desdén ser adicto a sustancias químicas, pero realmente motiva y recompensa nuestra adicción a estar apresurados, acosados y sobrecargados. No hay ningún estigma social negativo relacionado con ser adictos a la "ocupación". La mayoría de los drogadictos y alcohólicos están en negación; pero los adictos a la ocupación se apropian de ella con orgullo. De hecho, un sondeo en 2019 reveló que casi la mitad (48%) de los estadounidenses se consideran realmente adictos al trabajo. Más de la mitad de las personas que hicieron el sondeo ¡dijeron que se sentían estresados por el trabajo cuando estaban haciendo el sondeo![6] Estas personas probablemente no estaban confesando algo de lo que se avergonzaban. Sospecho que la mayoría en realidad presumía. Como destaca la cita de Stephen Covey al inicio de este capítulo, estar estirado hasta el punto de quiebre se ha convertido de algún modo en un símbolo de estatus en nuestra cultura. Observe, por favor, que Covey escribió estas palabras en 1995. Nuestra idolatría de la "ocupación" solamente ha empeorado durante los últimos veinticinco años.

Refiriéndose a los estragos de vivir con nuestra adicción e idolatría de la "ocupación", el autor y pastor canadiense, Mark Buchanan, escribe:

> No hay ningún estigma social negativo relacionado con ser adictos a la "ocupación".

«Y algo muere en nosotros. Demasiado trabajo, solían decir los británicos, hace de Jack un muchacho apagado. Pero es peor que eso. Paraliza a Jack, reseca a Jack, endurece a Jack.

Mata su corazón. Cuando estamos demasiado ocupados, todo se convierte en caminata fatigosa o gateo, estancamiento o puro caos. Nos aburre lo familiar, nos vemos amenazados por lo desconocido. Nuestra capacidad para la resolución y la aventura se marchita».[7]

Demasiado de algo bueno

Puedo oír ahora a los autoproclamados críticos en el Internet: «Ese Robert Morris no cree en la ética de trabajo estadounidense de antaño. ¡Está predicando contra el trabajo duro!».

Sin duda, eso no es cierto en absoluto. No hay nada bíblico o virtuoso en la pereza. El principal libro de sabiduría de la Biblia, Proverbios, está lleno de advertencias contra ser ocioso o perezoso (solamente haga una búsqueda en Proverbios del término "perezoso"). Aún más, a menudo olvidamos que el mandamiento de Dios sobre el día de reposo contiene un lado contrario. Dios dijo: «Seis días trabajarás, y harás toda tu obra».[8] Eso es, el mandato directo de Dios de descansar un día de cada siete está edificado sobre la suposición de que vamos a emplear seis días de trabajo buenos y vigorosos en nuestra vocación y nuestro hogar.

Precisamente lo que son seis días de trabajo para la mayoría de nosotros en nuestro mundo moderno y urbanizado es muy distinto de lo que eran para los granjeros y pastores de Israel. Ellos tendían a emplear los seis días, desde el amanecer hasta el atardecer, haciendo básicamente lo mismo. Es decir, cuidar de la granja o los rebaños y de la hacienda. Eso ha sido cierto en la mayor parte de nuestra historia. La mayoría de nuestros bisabuelos vivieron de ese mismo modo en este país.

Hoy día, la mayoría de nosotros trabajamos en empleos cinco

días por semana. Para muchos, esos empleos implican un viaje largo para ir y volver al trabajo. No es inusual que alguien salga de su casa antes del amanecer y no regrese hasta que se ha puesto el sol. Entonces intentamos atender a todo lo relacionado con la casa, el jardín y la familia en las noches y los fines de semana. En todo ello insertamos eventos, obligaciones, clubes, segundos empleos y, para los padres con hijos en casa, sus interminables proyectos escolares y actividades extracurriculares.

El aumento de los teléfonos inteligentes nos ha permitido meter actividades en línea, particularmente consumo de redes sociales, en cada grieta y rincón de nuestros horarios ya supercargados. Esto no sería tan problemático si las redes sociales tuvieran tendencia a causar un efecto calmante, alentador y estimulante sobre nuestra alma. Ya sabemos que no es ese el caso. La inmensa mayoría de nuestros canales de redes sociales y de noticias representa una corriente interminable de malas noticias, atrocidad y catástrofe. Nuestro mundo caído está lleno de cosas que lamentar o por las que indignarnos; y ahora tenemos en nuestras manos un aparato que pone todo eso ante nuestros ojos, todo el tiempo. Incluso cuando alguien sube algo bueno, espiritual o alentador, a menudo vemos un comentario debajo que nos hace enojar. Los hilos de comentarios en el Internet son algunos de los lugares en existencia más oscuros, más negativos y más conflictivos.

Otras plataformas de redes sociales se tratan más de hacernos sentir inadecuados, sin encanto, fuera de onda, o aburridos. Crean la ilusión de que todas las personas que conocemos están viviendo una vida mejor que la nuestra. Comen en mejores restaurantes, tienen mejores vacaciones, disfrutan de mascotas más bonitas, y en general son felices todo el tiempo. No solo es el trabajo duro el que nos está agotando físicamente, emocionalmente y mentalmente.

Para la mayoría de nosotros, nuestros teléfonos están a nuestro lado las veinticuatro horas del día, siete días por semana. Se han convertido en nuestro punto focal por defecto en cada momento de tranquilidad o parada en la actividad. ¿Estamos en fila en la tienda? Sacamos el teléfono. ¿Detenidos en un semáforo en rojo? Miramos el teléfono. ¿Un respiro momentáneo en la conversación con el cónyuge o el amigo? Comprobamos el teléfono. Esencialmente nos hemos inyectado un suero constante de preocupación, indignación, temor y negatividad insertados directamente en nuestras almas ya cansadas.

> Los principios de sabiduría de Dios fomentan la diligencia y la excelencia.

No, no hay nada de malo en el trabajo duro. Es importante. Los principios de sabiduría de Dios fomentan la diligencia y la excelencia. Pero el trabajo duro regular solo es sostenible si honramos otro de los principios de Dios inmutables e inalterables. El principio del reposo.

El trabajo no es el enemigo. La tentación de no descansar es el enemigo. Por lo tanto, ¿por qué no lo hacemos?

Motivos nobles, pero desequilibrados

A menudo nos negamos a descansar por un sentimiento noble de responsabilidad que nos impulsa a trabajar tanto como posiblemente podamos. Muchos hombres derivan una parte significativa de su sentimiento de identidad de ser un "buen proveedor" para sus familias. Las mujeres con frecuencia sienten una presión enorme de ser todas las cosas para todas las personas, siguiendo frecuentemente una carrera profesional o al menos aportando un segundo ingreso y realizando el papel más tradicional de dirigir el hogar al mismo tiempo. Desde luego, las mamás y los papás solteros no tienen otra opción sino la de hacerlo todo y serlo todo.

No queremos que nadie nos acuse de no proveer para nuestras familias o no hacer nuestra parte. Quienes hemos estado en la iglesia toda nuestra vida tenemos resonando en los oídos de nuestro espíritu las fuertes palabras de Pablo a Timoteo: «...porque si alguno no provee para los suyos, y mayormente para los de su casa, ha negado la fe, y es peor que un incrédulo».[9]

¡Peor que un incrédulo! Ningún cristiano querría nunca ser culpable de un pecado que produjera ese tipo de acusación. Nos decimos a nosotros mismos: «Mensaje recibido. Debo proveer para mi familia a toda costa». Este mandato en realidad nos proporciona una justificación aparentemente legítima para ignorar el mandamiento de Dios de descansar un día de cada siete. Sin embargo, para que entendamos el verdadero significado de las palabras de Pablo, tenemos que verlas a la luz de los mandamientos de Dios. No intentaríamos justificar el robo en el nombre de "proveer para mi familia". Reconoceríamos que Dios no haría que quebrantáramos un mandamiento a fin de obedecer otro, como ya hemos visto. Decidir obedecer el mandamiento de descansar es un paso de fe, comparable a darle a Dios el primer diez por ciento de nuestros ingresos. Requiere confianza en que Dios nos ayudará sobrenaturalmente a cumplir con todas nuestras responsabilidades en los seis días restantes cada semana. Y estoy aquí para decirle: ¡Él lo hará!

Usted no está fallando como proveedor cuando, en fe y confianza en Dios, aparta un día cada semana para recargar y renovarse. Tampoco es menos significativo o valioso cuando ha programado no hacer nada, contrariamente a lo que el espíritu de nuestros tiempos querría

> Al dar descanso a su cuerpo y su alma se vuelve más eficaz y eficiente en todo lo que haga los otros seis días cada semana.

hacerle creer. De hecho, lo cierto es lo contrario. Aprender a descansar le ayuda realmente a cumplir con sus responsabilidades. Al dar descanso a su cuerpo y su alma se vuelve más eficaz y eficiente en todo lo que haga los otros seis días cada semana. Esto es lo que Stephen Covey llamaría "afilar la sierra". Este concepto se hace eco de una cita atribuida a Abraham Lincoln:

Deme seis horas para talar un árbol y emplearé las cuatro primeras en afilar el hacha.[10]

El punto es que será usted más eficaz y productivo en seis días con descanso de lo que será en siete días sin él. Repito: los mandamientos de Dios son siempre para nuestro beneficio. Dios no está poniendo baches y obstáculos adicionales delante de nosotros; Él intenta ayudarnos. El día de reposo no es la única manera en la que Dios nos aparta como su pueblo único. ¡El principio del día de reposo es un regalo! Es una celebración semanal, una fiesta incluso. El resto del mundo antiguo conmemoraba a sus ídolos con fiestas religiosas anuales, pero el Dios de Israel dio a su pueblo una fiesta semanal: un día para reunirse con la familia, relajarse, descansar y ser renovado. Un día para celebrar que somos el pueblo de Dios y que Él es bueno.

Sí, es cierto, el descanso semanal es difícil. Todo en nuestro mundo moderno parece trabajar en su contra, pero no cometamos el error de pensar que era fácil en tiempos de antaño. Imagine la vida antes de los supermercados, las lavadoras, los vehículos, o la fontanería interior. Todo requería un trabajo manual largo y tedioso.

Incluso si alguien tenía un trabajo como metalistería o carpintería, aun así, probablemente también tenía ganado y cosechas. La aproximación del invierno requería preparación extra y almacenar comida y provisiones. El hecho es que honrar el principio del día de reposo requería fe y confianza en aquel entonces, y lo sigue requiriendo en el presente.

Descanso redentor

Leamos de nuevo el pasaje completo en Hebreos. La Nueva Traducción Viviente arroja luz:

«¿Y a quiénes hablaba Dios cuando juró que jamás entrarían en su descanso? ¿Acaso no fue a los que lo *desobedecieron*? Como vemos, ellos no pudieron entrar en el descanso de Dios a causa de su incredulidad. El descanso prometido para el pueblo de Dios todavía sigue vigente la promesa que hizo Dios de entrar en su descanso; por lo tanto, debemos temblar de miedo ante la idea de que alguno de ustedes no llegue a alcanzarlo. Pues esta buena noticia—del descanso que Dios ha preparado—se nos ha anunciado tanto a ellos como a nosotros, pero a ellos no les sirvió de nada porque no tuvieron la fe de los que escucharon a Dios» (énfasis del autor).[11]

Según este pasaje en Hebreos, ¿qué evita que entremos en el descanso de Dios? La desobediencia y la incredulidad. La incredulidad de los israelitas o, dicho de otro modo, su falta de fe y confianza en Dios, produjo una negativa endurecida de entregar su personalidad a Dios en absoluta confianza en su poder, sabiduría y bondad. La única alternativa a confiar en Dios es confiar en uno mismo. Poner la confianza en nuestros propios esfuerzos y capacidad. Esto evitó que los israelitas entraran en el descanso que el Señor tenía muchos deseos de darles.

Por favor, tengamos en mente que estas personas habían sido esclavos en Egipto por cuatrocientos años. En los meses tensos y llenos de dramatismo que condujeron a su liberación de Egipto cuando Moisés confrontó a Faraón, sus capataces egipcios respondieron aumentando sus cargas e imponiéndoles demandas imposibles. Entonces, por la mano de Dios milagrosa y poderosa, salieron de Egipto y comenzaron un largo y arduo viaje cruzando el Mar Rojo y por el duro desierto de la península de Sinaí. Si había algún pueblo que necesitaba un descanso, eran ellos. El Señor demostró su gran amor por ellos proveyendo milagrosamente para ellos, y reveló su presencia de numerosas maneras; sin embargo, esa generación de israelitas nunca confió en Dios lo suficiente para creer que Él los estaba guiando a un buen lugar. La tierra prometida sería un lugar de descanso para ellos, pero la desobediencia y la desconfianza los descalificaron para entrar.

> El Señor demostró su gran amor por ellos.

Siglos después, Isaías dio una palabra profética a Judá que anunciaba un juicio inminente. En ella encontramos estas inolvidables palabras:

«Porque así dijo Jehová el Señor, el Santo de Israel: En descanso y en reposo seréis salvos; en quietud y en confianza será vuestra fortaleza. Y no quisisteis...».[12]

Incluso en los días anteriores a que fueran llevados en cautiverio a Babilonia, Dios le seguía rogando a su pueblo que entraran en el descanso que Él quería darles. Les recuerda que cobrarán fuerza si confían en Él y están en quietud delante de Él. Pero Isaías continúa el tierno ruego de Dios con una acusación: «Y no quisisteis». ¡Qué trágico!

Antes de que juzguemos con demasiada dureza a Judá, necesitamos reconocer que nosotros a menudo hacemos lo mismo. Dios dice: «descansa»; y, sin embargo, muchas veces no queremos. El descanso es un regalo de Dios, pero requiere fe para recibirlo.

Trabajo redentor

Ya hemos observado que el mandamiento de Dios sobre descansar un día de cada siete contenía también la suposición de que los seis días restantes son para trabajar. Por lo tanto, no debería sorprendernos descubrir que Dios se interesa por nuestra vida laboral tanto como lo hacemos nosotros.

Nuestros momentos despiertos están llenos en gran parte de charla sobre el trabajo, pensar en el trabajo, planear para el trabajo, esperar el trabajo o aborrecer el trabajo. Nos sentimos culpables si no trabajamos lo suficiente, o nos sentimos resentidos cuando trabajamos demasiado. Nuestras vidas giran en torno al trabajo, pero a menudo no es el trabajo en sí lo que nos agota; es la preocupación, la inquietud, el estrés y la ansiedad al respecto lo que nos deja exhaustos. Ese fue sin duda mi caso en los años anteriores a que entendiera y aceptara el principio del día de reposo y estableciera límites claros y firmes alrededor de mi "día libre". Antes de ese despertar, siempre que me tomaba un día libre me quedaba sentado y obsesionado por todas las cosas que no iban a hacerse, y me sentía culpable todo el día. Mi trabajo mental me estaba robando mi descanso espiritual.

Lo cierto es que el trabajo, es decir, cosas productivas y con sentido que hacer y que dan fruto, es un regalo de Dios. Entender el regalo del trabajo nos ayuda a apreciar mejor el regalo del descanso. Algunas personas suponen erróneamente que el trabajo llegó a ser como parte de la maldición que recayó sobre la humanidad cuando entró el pecado en el mundo. ¡El trabajo no es una parte de la maldición! El trabajo existía antes de que Adán cayera. Por favor, observemos estas palabras del segundo capítulo de Génesis:

«Tomó, pues, Jehová Dios al hombre, y lo puso en el huerto de Edén, para que lo labrara y lo guardase».[13]

¿Lo ve? Dios le dio trabajo al hombre antes de que el pecado causara la caída. ¿Por qué creó Él el trabajo? ¡Porque Dios nos ama! Él quiere que hagamos algo que nos recompense y satisfaga. El Señor no quiere que nos quedemos sentados y aburridos, sin nada que lograr. Nos dio a cada uno de nosotros el regalo del trabajo. Podemos poner nuestra mente y nuestras manos a trabajar, y después de invertir algún tiempo y energía, podemos dar un paso atrás y sentirnos satisfechos genuinamente. Nos sentimos recompensados porque hemos logrado algo.

> Nos sentimos recompensados porque hemos logrado algo.

Sí, Dios nos dio el trabajo porque nos ama; sin embargo, la maldición hizo que el trabajo fuera mucho, mucho más difícil. Como Adán comió del árbol del conocimiento del bien y el mal, Dios le informó de las terribles consecuencias de su acto:

«Maldita será la tierra por tu causa; con dolor comerás de ella todos los días de tu vida. Espinos y cardos te producirá, y comerás plantas del campo. Con el sudor de tu rostro comerás el pan...».[14]

Dolor y sudor. Así cambió la maldición la naturaleza del trabajo. La maldición convirtió el trabajo en dura labor. El fruto y la productividad llegarían ahora solamente con más dificultad y esfuerzo. ¿Ha tenido usted uno de esos días en el trabajo? Hablo de un día en el que parece como si toda su energía se convierte en espinos y cardos: personas puntillosas, situaciones que pinchan. Entonces, justo cuando parece que ha limpiado un área, brotan más malas hierbas en otro lugar.

Esa es la realidad de este mundo caído, pero tengo noticias maravillosas. Jesucristo nos redimió de la maldición.[15] Para el creyente nacido de nuevo, Jesús ha provisto un modo de ver el trabajo que se eleva por encima del dolor y sudor de este mundo. Igual que ha sido usted redimido por la obra de Jesús en la cruz, ¡su trabajo también ha sido redimido! Ahora puede ver su trabajo como lo hacía Adán antes de la caída. Haga lo que haga, puede y debería hacerlo para la gloria de Dios.[16] Haga lo que haga, sin pensar cuán común parezca, es en realidad una forma de adoración que da gloria y agrado a Dios. De hecho, la palabra hebrea que a veces se traduce como "trabajo" en el Antiguo Testamento, *avodah*, también tiene el significado de "adorar". De hecho, *avodah* se traduce como "trabajo", "adoración" o "servicio" en la Biblia, dependiendo del contexto. Por ejemplo, en Génesis 2:5, antes de que Dios creara al hombre, la Palabra de Dios señala que: «...ni había hombre para que labrase (*avodah*) la tierra».[17] Diez versículos después, leemos: «Dios el Señor tomó al hombre y lo puso en el jardín del Edén para que lo cultivara (*avodah*) y lo cuidara».[18] Sin embargo, en Éxodo 8:1, Dios demanda: «Deja ir a mi pueblo, para que me sirva (*avodah*)».[19]

Hay un mensaje para nosotros en todo esto. Nos dice que nuestro trabajo puede ser una forma de adoración y servicio en el que simultáneamente honramos al Señor mediante nuestra excelencia y diligencia, servimos a nuestra familia proveyendo para ellos, y servimos a nuestras comunidades añadiendo valor. Para el creyente, el trabajo hecho como adoración avanza el reino de Dios. Sí, como ciudadano del reino de Dios su trabajo tiene implicaciones para el reino.

Cuando el trabajo se siente regularmente como una carga, eso es un indicador de advertencia sobre una de dos cosas: o bien no está usted honrando el principio del descanso en su vida y, por lo tanto, está quemado, o necesita un cambio de paradigma sobre la naturaleza sagrada del trabajo. Necesita comenzar a verlo como algo que bendice a Dios y tiene implicaciones para el reino. En otras palabras, necesita redimir su vida laboral.

Comience a establecer la práctica de dar gracias a Dios por su trabajo. La gratitud abre la puerta a su reino. Incluso si piensa que aborrece todo en su empleo actual, puede encontrar *algo* por lo que dar gracias a Dios acerca de su trabajo. ¡Cualquier cosa! Quizá le gusta el color del baldosín en el cuarto de baño de la oficina; entonces comience a dar gracias a Dios por eso. Al cambiar a una actitud de gratitud y positividad, se situará a usted mismo en una senda que avanza hacia considerar su trabajo como *avodah*, es decir, un acto de adoración con implicaciones para el reino. El pastor Mark Buchanan tenía en mente este cambio cuando escribió:

> Comience a establecer la práctica de dar gracias a Dios por su trabajo.

«¿Y si su trabajo se convirtiera en adoración? ¿Y si el trabajo de sus manos (reparar segadoras, fregar cacerolas, pavimentar calles, arreglar huesos, revisar libros de contabilidad) fuera Eucaristía, un sacramento de la presencia de Dios que usted da y recibe? ¿Y si Jesús mismo fuera su jefe, Aquel que le vigila y a quien usted honrara con sus esfuerzos? Esta es una idea radical: la próxima vez que sea tentado a quejarse por su trabajo, alabe a Dios por él en cambio. La próxima vez que abra su boca para chismear sobre personas con las que trabaja o calumniar a sus jefes, deténgase y gire en la otra dirección: ore por ellos, dé gracias a Dios por ellos, encuentre lo bueno en ellos. La próxima vez que quiera abandonar, derrame eso en adoración».[20]

El enemigo de su alma usa esos espinos y cardos de este mundo para desalentarlo de transformar su trabajo en adoración. El enemigo mortal de Dios no quiere que usted descubra y cultive la vocación que Dios le ha dado. Cave más profundo de todos modos. Empuje hacia adelante.

A propósito, ¿sabe de dónde obtenemos la palabra "vocación"? Viene de la palabra latina *vocare*, que significa llamar o nombrar. Su vocación es Dios llamándolo para algo único para usted. Esa voz en lo profundo de su ser es Dios diciéndole para qué le creó. Él quiere que preste atención a su llamado.

De lo que estoy hablando requiere borrar la línea divisoria dibujada por el hombre entre trabajo y ministerio. ¿Qué empleos y carreras vienen a su mente cuando uso la frase "la obra del Señor"? Si yo dijera que alguien está involucrado en "la obra del Señor", ¿qué supondría usted que hace esa persona? Sospecho que pensaría al instante en un pastor, misionero, o alguien en el ministerio a tiempo completo. Al mismo tiempo, si es usted como la mayoría de las personas, piensa que contadores, vendedores, carniceros, panaderos y fabricantes de candeleros tienen empleos seculares o del mundo. Ya sabe, empleos comunes y no espirituales.

Esta línea de separación es artificial y no es bíblica. El hecho es que, si usted pertenece a Dios, cualquier cosa que haga es "la obra del Señor" para usted. Sin embargo, por alguna razón no pensamos que cuando Dios crea y llama a un bombero, él o ella está en "el ministerio" o causando un impacto para el reino de Dios. ¡Eso es falso! Los creyentes que piensan así tienden a considerar solamente el trabajo voluntario que hacen para su iglesia o mediante ella como verdadero ministerio. Este error convierte lo que hacen durante la mayor parte del tiempo que están despiertos cada semana en algo secular: algo demasiado bajo o común para que Dios se involucre en ello.

Por favor, deje de pensar de ese modo. Lo que haga para ganarse la vida como hijo o hija de Dios *no* es secular. Es sagrado.

Redimir el tiempo

Hace algún tiempo atrás recibí un correo electrónico de una persona a la que he conocido por varios años. Me invitó a almorzar para reconectar. Un vistazo rápido a mi calendario reveló que no podría encontrarme con él hasta mucho más adelante. Durante semanas, todos los días con excepción de mis días de reposo, estaban bastante llenos, así que le escribí un correo con una respuesta compasiva pero claramente sincera: «Lo siento de veras; valoro nuestra relación, pero en este momento no podemos reunirnos. Tengo el calendario lleno».

Él me respondió inmediatamente, esperando un cambio de mi decisión al apelar: «¿No puedes hacer tiempo para mí?».

Yo entendí la pregunta. Estoy seguro de que yo mismo había pedido a otros en el pasado que hicieran tiempo para mí; pero con la comprensión que tanto me había costado obtener de cuán importante es el tiempo para Dios, y la necesidad de proteger las prioridades que Dios me había dado, respondí: «No puedo, amigo. Solo Dios puede hacer tiempo. De hecho, Él ya ha hecho todo el tiempo que habrá jamás. Me gustaría poder verte, pero no puedo sacar ni una hora extra».

¿No parece a veces que eso es absolutamente lo único que necesitamos? ¿Tan solo una hora extra? En una ocasión, le pedí medio en broma a Dios precisamente eso: tan solo una hora extra por día, cada día. En la raíz de mi oración desesperada estaba una suposición. De alguna manera me había convencido a mí mismo de que con una hora adicional por día, finalmente podría dejar de sentirme por detrás en todo y bajo presión todo el tiempo. Desde luego, eso es un engaño; es una falacia muy similar a otra común acerca del dinero. Todo el que está bajo presión financiera cree verdaderamente que con solamente un poco más de ingresos todo sería estupendo. Pero no sería así. Tener más dinero nunca arregla los problemas de administración interiores y sistémicos que crean presión financiera en un principio. Lo mismo es cierto con el tiempo. Tener más tiempo no es la respuesta. Una mejor administración del tiempo es la respuesta.

> Tener más tiempo no es la respuesta. Una mejor administración del tiempo es la respuesta.

Mi colega y yo sí conectamos en un momento posterior. Él no me guardó rencor y, de hecho, me dijo que respetaba la firme postura que tomé. Dijo que le había inspirado a establecer límites más firmes con respecto a todas las peticiones que él tendía a recibir sobre su tiempo.

No, no podemos "hacer tiempo", ni tampoco podemos "ahorrar" tiempo. ¿Le sorprende eso? Constantemente oímos hablar sobre aparatos que ahorran tiempo, y ahorrar tiempo mediante técnicas especiales y atajos. Esencialmente hablamos sobre el tiempo de manera muy parecida a como lo hacemos sobre el dinero. Sin embargo, realmente *podemos* ahorrar dinero, pero tan solo podemos emplear, manejar e invertir tiempo. Nunca podemos ahorrarlo. No podemos meter en el banco dos horas del presente para poder retirarlas y utilizarlas dentro de unas semanas cuando necesitemos desesperadamente un día de veintiséis horas. Si el tiempo es como el dinero, entonces todos tenemos un ingreso fijo. No existe desigualdad de riqueza o disparidad con el tiempo. Usted, Bill Gates, Warren Buffett, el vagabundo que vive debajo del puente, y yo recibimos la misma cantidad exacta de 1440 minutos cada día.

Lo único que nos diferencia es cómo decidimos utilizar esos minutos. El tiempo es el gran igualador.

Tomar decisiones con respecto al tiempo es lo que se conoce como un *juego de suma cero*. Una hora aplicada al Asunto A significa que esa hora nunca puede aplicarse al Asunto B. Decir sí a una invitación para reunirme con alguien es inevitablemente una decisión de no emplear ese tiempo estudiando, estando con mi familia o impartiendo a nuestro equipo. Simplemente no puedo hacer más tiempo, y tampoco puede hacerlo usted. El único poder que tenemos es el poder de escoger.

He llegado a esta comprensión lentamente y con mucha dificultad. Empleé una buena parte de mi vida decidido a encontrar maneras de ahorrar tiempo. Aún me sigo agarrando a mí mismo haciendo eso. En los carriles para autos en el banco, estudio las opciones de carriles como si fuera cierto tipo de científico de tráfico bancario. Cuento los autos que hay en cada carril teniendo cuidado de no ser engañado por autos que son demasiado cortos o demasiado largos.

Miro para ver quién está retirando cosas de los pequeños tubos neumáticos y quién solamente está introduciendo cosas. Siento la seguridad de que puedo deducir qué carril va a llevarme al banco de entrada y salida más rápidamente.

Nunca he tenido razón. ¡Ni una sola vez!

Invariablemente, escojo la línea con la persona que parece estar intentando negociar un préstamo hipotecario con la persona en la caja. Me quedo ahí sentado enojado y atrapado mientras los carriles a cada lado de mí avanzan como si fueran un potente río. Observo con envidia frustrada a esos conductores que se van rápidamente, habiendo terminado su negocio bancario y dirigiéndose a hacer otras tareas. Hago ejercicios parecidos cuando hay tráfico pesado en la autopista y también en el supermercado. Mi experiencia a la hora de escoger carriles no mejora mucho en esos entornos. Siempre son los *otros* carriles los que avanzan más rápido.

He descubierto que mientras más intento ahorrar tiempo, realmente más lo desperdicio. Aquí tenemos un escenario demasiado común: usted recoge a su hijo de la escuela y, mientras él le habla sobre su día, usted piensa: *Quizá pueda organizar mis ideas para la reunión de mañana mientras él sigue hablando.* Mientras divaga en su mente, en realidad está desperdiciando tiempo. De hecho, está malgastando un momento precioso e irremplazable. Ese pequeño niño no va a volver a estar en tercer grado; nunca volverá a tener ocho años, tres meses y cuatro días de edad. Mañana tendrá ocho años, tres meses y cinco días. Su oportunidad de estar presente y participar en ese momento nunca más volverá.

¿Cuánto tiempo precioso hemos desperdiciado en esfuerzos fútiles por ahorrarlo? Usted y yo no podemos ahorrar o guardar tiempo; solamente podemos emplearlo.

Recuerdo claramente una ocasión en la que yo era un ministro invitado en otra iglesia. Estábamos en la parte de adoración del servicio y todos los que me rodeaban estaban entrando en un espíritu de alabanza y adoración a Dios. Basándome en las expresiones de los rostros que me rodeaban, estaba claro que las personas estaban experimentando la presencia de Dios. Por otro lado, yo estaba a cientos de kilómetros de distancia en mi mente. Intentaba resolver un problema que tenía en casa. Estaba intentando decidir qué iba a decirle a una persona y cómo iba a manejar a esa persona. De repente, mi gimnasia mental quedó interrumpida por la voz de Dios clara y firme.

«¿Qué estás haciendo?».

«Bueno, Señor», respondí, «intento solucionar este problema».

«Ah, bueno, todos los demás aquí me están adorando».

Entendí su punto; por lo tanto, cambié mi enfoque hacia su bondad y fidelidad hacia mí, y pronto también yo me encontré experimentando la brisa refrescante de su presencia. En aquel momento el Señor me dio una revelación. Escuché que me dijo: «Durante la hora siguiente, tu único propósito en la tierra es ministrar a estas personas. Ellas necesitan toda tu atención, necesitan todo lo que tienes. Yo me ocuparé de tu problema. Lo tengo. Mientras tanto, necesito que decidas emplear esta hora íntegramente con este grupo de personas».

> Yo me ocuparé de tu problema. Lo tengo.

Nunca he olvidado la lección de aquel día. Dios me llevó de regreso al momento presente y me recordó que este momento, este *ahora*, es lo único que tenemos. Y es lo único que necesitamos.

¿Qué va a hacer usted con su tiempo? Y lo más importante, ¿va a aceptar el principio del día de reposo y descansar? Sé que incluso mientras lee esta pregunta hay voces en su cabeza que le dicen que no puede hacerlo. Que no puede permitirse perder un día de su semana cada semana. Que eso no funcionará para usted.

Esas voces tienen un homólogo en la Biblia. Voy a explicarme.

Como hemos visto, encontramos a Dios dando a Moisés y a los israelitas los Diez Mandamientos, incluido el cuarto mandamiento con respecto al día de reposo, en el capítulo 20 de Éxodo. Pero ¿sabía que Dios repitió su mandamiento de observar el día de reposo? Lo encontramos en el quinto capítulo de Deuteronomio. La primera vez que Dios introdujo el mandamiento del día de reposo, lo explicó en términos de sus seis días de creación. Él dijo: «Porque en seis días hizo Jehová los cielos y la tierra, el mar, y todas las cosas que en ellos hay, y reposó en el séptimo día». Pero en Deuteronomio, el Señor explica el significado del día de reposo en términos completamente distintos:

«Guardarás el día de reposo para santificarlo, como Jehová tu Dios te ha mandado. Seis días trabajarás, y harás toda tu obra; mas el séptimo día es reposo a Jehová tu Dios...*Acuérdate que fuiste siervo en tierra de Egipto*, y que Jehová tu Dios te sacó de allá con mano fuerte y brazo extendido; por lo cual Jehová tu Dios te ha mandado que guardes el día de reposo» (énfasis del autor).[21]

¿Lo ve? En lugar de señalar las labores de Dios en la creación para explicar el día de reposo, Dios en cambio los señala a su reciente liberación de la esclavitud. Esta es una distinción interesante.

El pueblo de Dios había sido esclavo durante siglos. Los esclavos no pueden descansar, no pueden decidir tomarse un día libre del trabajo. Hay un capataz que vigila al esclavo con un látigo y demanda que el esclavo continúe trabajando sin descanso. El día de reposo nos recuerda que Dios, en su misericordia, ahogó a los capataces egipcios en el mar.

En cierto sentido, muchos de nosotros hemos sacado a esos capataces desde las profundidades del mar, ¡y les hemos hecho la resurrección cardiopulmonar! En cualquier momento en que usted intenta descansar, ellos están a su lado con el látigo. Son esas voces que hay en su cabeza y que mencioné hace un momento. *¿Qué crees que estás haciendo? ¿Has olvidado todas las cosas que necesitas estar haciendo en este momento? Parece que lo has hecho, así que voy a enumerarlas para ti...* Esa es la voz de su capataz, pero usted ya no es un esclavo. Ha sido redimido.

> Dios nos invita a experimentar su descanso, pero para entrar en él se requiere confianza en su poder y fidelidad.

Como afirmé al inicio de este capítulo, aceptar el día de reposo requiere fe. Dios nos invita a experimentar su descanso, pero para entrar en él se requiere confianza en su poder y fidelidad. Observar el día de reposo es la manera principal en la que ponemos a Dios en primer lugar en nuestro tiempo.

En su libro sobre la administración del tiempo, *Primero, lo primero*, que cité al comienzo de este capítulo, Stephen Covey relata una potente ilustración de este principio.[22] Compartí esta historia en mi libro *Más allá de toda bendición*, pero vale la pena repetirla aquí.

Covey describía a un a un grupo de ambiciosos alumnos de una maestría reunidos para un seminario sobre la administración del tiempo. En cierto punto en su presentación, el experto señaló: «Muy bien, es el momento de una prueba», y sacó una jarra de vidrio grande y con la boca muy ancha, poniéndola sobre una mesa delante de él. Entonces sacó de debajo de la mesa un montón de piedras medianas y, una por una, las fue metiendo en la jarra hasta que estaba llena hasta el borde y ya no cabían más piedras en su interior. Entonces preguntó a la clase: «¿Está llena esta jarra?». Todas las cabezas en la clase asintieron. Como respuesta, él dijo: «¿De verdad?». Entonces sacó de debajo de la mesa un cubo de gravilla del tamaño de guisantes, metió parte de esa gravilla en la jarra y la sacudió, haciendo que los pedazos de gravilla se fueran insertando en los espacios entre las piedras más grandes hasta que ya no podía contener más.

Entonces sonrió y preguntó al grupo una vez más: «¿Está la jarra llena ahora?». Esta vez la clase dudaba. «Probablemente no», respondió uno de ellos. «¡Bien!», dijo él, y volvió a sacar de debajo de la mesa un cubo con arena y procedió a volcarlo en la jarra. La arena se introdujo fácilmente en todos los espacios sobrantes entre las piedras y la gravilla. Una vez más, él hizo la pregunta: «¿Está llena esta jarra?». Nadie se aventuró a opinar. Sonriendo, el maestro sacó una botella de agua y la derramó hasta que la jarra estuvo llena hasta el borde. Entonces levantó la vista hacia la clase y preguntó: «¿Puede alguien decirme cuál es el punto de esta ilustración?».

Uno de los asistentes levantó su mano y se aventuró a decir: «El punto es que no importa cuán lleno creamos que esta nuestro horario, ¡siempre podemos encajar algunas cosas más!».

«No», respondió el orador, «ese no es el punto. La verdad que nos enseña esta ilustración es: si no pones primero las piedras grandes, nunca podrás meterlas todas». Desde el punto de vista de la administración del tiempo, la lección es que tenemos que *programar* y *proteger* las cosas más importantes que queramos lograr, pues si no, nunca podremos encajarlas. Tenemos que poner las piedras grandes primero.

¡Es cierto! Ahora voy a expresarlo de un modo diferente. El día de reposo es la más grande de las piedras grandes por lo que respecta a su tiempo. Puede que no sienta que puede permitirse honrarlo, pero estoy aquí para decirle que no puede permitirse no hacerlo.

Estamos a punto de descubrir que, si no ponemos la piedra grande del descanso, nuestro calendario quizá esté siempre lleno, pero cuatro partes clave de quiénes somos estarán constantemente moviéndose con el tanque vacío.

Notas

1. "Case Study: Karoshi: Death from Overwork", Ilo.org, 2013, http://www.ilo.org/safework/info/publications/WCMS_211571/lang--en/index.htm.
2. "Case Study: Karoshi".
3. Ver cita del profesor de la Rutgers University, Dr. Eviatar Zerubavel: "Un ciclo continuo de siete días que discurre por la historia sin prestar ninguna atención a la luna y sus fases es una invención distintivamente judía". *The Seven Day Circle: The History and Meaning of the Week* (Chicago: University of Chicago Press, 1985), p. 11.
4. Edwin Lane, "The Young Japanese Working Themselves to Death", BBC News, 2017, https://www.bbc.com/news/business-39981997.
5. Michiaki Okuyama, "The Suicide Problem in Contemporary Japanese Society: Its Economic and Social Backdrop and Religious Reactions", Researchmap.jp, 2009, https://researchmap.jp/mu9m bahfh-2096/?
6. Tyler Schmall, "Almost Half of Americans Consider Themselves 'Workaholics'", NYPost.com, 2019, https://nypost.com/2019/02/01/almost -half-of-ameri cans-consider-themselves-workaholics/.
7. Mark Buchanan, *The Rest of God: Restoring Your Soul by Restoring Sabbath*, Kindle ed. (repr., Nashville, Tennessee: Thomas Nelson, 2006), p. 47.
8. Éxodo 20:9
9. 1 Timoteo 5:8
10. Daniel Coenn, *Abraham Lincoln: His Words*, Kindle ed. (BookRix, 2014).
11. Hebreos 3:18—4:2

12. Isaías 30:15
13. Génesis 2:15
14. Génesis 3:17-19
15. Ver Gálatas 3:13
16. Ver Colosenses 3:23-24, NTV: «Trabajen de buena gana en todo lo que hagan, como si fuera para el Señor y no para la gente. Recuerden que el Señor los recompensará con una herencia y que el Amo a quien sirven es Cristo».
17. Génesis 2:5
18. Génesis 2:15, NVI
19. Éxodo 8:1
20. Mark Buchanan, *The Rest of God: Restoring Your Soul by Restoring Sabbath*, Kindle ed. (repr., Nashville, Tennessee: Thomas Nelson, 2006), p. 27.
21. Deuteronomio 5:12-15
22. Stephen R. Covey, A. Roger Merrill y Rebecca R. Merrill, *First Things First [Primero, lo primero]* (New York: Free Press, 1994), p. 88.

CAPÍTULO 3

LOS CUATRO TANQUES

Somos un espíritu, tenemos un alma, y vivimos en un
cuerpo.

—Axioma cristiano tradicional

El ministerio me ha llevado muy lejos de mi estado de Texas muchas veces a lo largo de los años, y sin embargo, nunca me ha dejado de sorprender que la gasolina es mucho más cara en otros lugares. Sé que menores impuestos estatales sobre la gasolina es una de las razones por las que cuesta mucho menos llenar el tanque de un auto en Texas que en muchos otros estados; pero otro factor importante es que Texas es donde gran parte de nuestro crudo se encuentra, se extrae y se refina convirtiéndolo en gasolina. En otras palabras, la gasolina es barata aquí porque nosotros somos quienes la fabricamos.

Al conducir por Texas encontrará abundante evidencia de cuán importante es la industria petrolera en todo nuestro estado tan grande. ¿Cuán grande es Texas? Desde cierta perspectiva, el trayecto desde Texarkana hasta El Paso es de 812 millas (1307 kilómetros). Eso supone conducir doce o trece horas dado que nunca nos detengamos para ir al baño. A lo largo de ese recorrido verá incontables pozos de petróleo, refinerías, y tanques de almacenaje que le recuerdan regularmente que está en un país de petróleo. También compartirá las autopistas con un notable número de camiones cisterna que transportan gasolina a gasolineras por todo el centro de Estados Unidos. En la planicie de West Texas podría ir conduciendo por la autopista, viajando a una velocidad moderada, y caer lentamente en un poco de trance hipnótico por kilómetros de carretera sin una sola curva o inclinación, cuando de repente un inmenso camión cisterna pasa rugiendo por el carril contiguo y sacude su vehículo completamente. En segundos, usted está más despierto de lo que ha estado en todo el día. Yo he tenido esa experiencia en más de una ocasión.

Un día, el Señor usó uno de esos camiones cisterna como ilustración personal para dejar grabado en mi corazón un mensaje inolvidable sobre mi llamado como pastor y maestro. Él me dijo: «Robert, tú eres un camión cisterna. Ese es tu trabajo». Inmediatamente, imaginé uno de esos familiares camiones semirremolque. El Señor continuó: «Tu trabajo implica ir de una estación a otra para llenar sus tanques con el combustible de tu camión». Supe de inmediato lo que Él quería decir. Tengo que llenar a mi familia. Tengo que llenar a los ancianos de la iglesia, al equipo, al liderazgo laico y, sin duda, a la congregación. Se me ocurrió que incluso suministro a pastores de otras iglesias porque Gateway ha crecido hasta ser un lugar al cual acuden en busca de consejo y aliento muchas iglesias de todo el país.

Tenía sentido para mí. Mi trabajo es reabastecer a otras personas, pero en el momento en que hice la conexión de esa analogía, entendí otra cosa más. El camión cisterna de gasolina llamado "Robert Morris", ¡estaba casi vacío la mayor parte del tiempo! Supe que estaba ministrando a todos con un tanque que estaba casi seco. Y en ese momento, Dios me llamó la atención al respecto.

Ya he revelado con detalle cómo enfoqué aquellos cinco años

después de fundar la Gateway Church. Lo que no he revelado es el papel erróneo que la culpabilidad desempeñaba en mi incapacidad de tomarme un día de descanso verdaderamente.

Desde el principio comencé a intentar tomarme un día libre por semana. "Intenté" es la palabra clave en esta frase anterior. Como tenemos servicios los sábados y los domingos, el lunes era el día que más sentido tenía en mi calendario, pero la mayoría del resto del equipo de la iglesia estaba en la oficina los lunes, y también tenían trabajo todos mis amigos que no trabajaban en la iglesia. Todos estaban trabajando el lunes. Por lo tanto, comencé a sentirme culpable por quedarme sentado en casa sin hacer nada, aunque acababa de emplear un fin de semana completo de trabajo totalmente agotador.

Cada lunes, todas las personas que conocía trabajaban, así que comencé a tener la sensación de que yo también debiera hacer algo. Una combinación de obligación religiosa y mucho orgullo obraron en conjunto para convencerme de que estaba haciendo algo erróneo al no hacer algo productivo.

Comencé con poca cosa. Echaba un vistazo rápido al correo electrónico una vez o dos durante el día. «Solo necesito asegurarme de que nada verdaderamente importante necesita mi atención inmediata», razonaba. Sin embargo, pronto descubrí que realmente me molestaba no responder una pregunta o petición por correo, así que comencé a responder unos pocos mensajes de correo electrónico. Y después más; y entonces la mayoría de ellos. Sin duda, el hecho de que estuviera respondiendo al correo en mi día libre solamente alentaba a todo el mundo en mi vida a sentirse libre para escribirme un

> «Solo necesito asegurarme de que nada verdaderamente importante necesita mi atención inmediata», razonaba.

correo o mensaje de texto ese día. Poco después estaba organizando almuerzos y desayunos relacionados con trabajo, y después alistándome y dirigiéndome a la oficina para alguna reunión importante ocasional. Fue en escalada implacablemente.

En ausencia de límites claros y fuertes convicciones sobre el principio del día de reposo, además de la culpa inapropiada que yo sentía por no hacer nada, me resultó notablemente fácil permitir que los lunes se convirtieran en un tipo de día laboral diferente. Incluso cuando realmente no hacía muchas cosas, esa mentalidad de culpabilidad me robaba la paz. No tenía fe para un verdadero descanso porque no estaba convencido de que era apropiado.

En retrospectiva, ahora puedo ver claramente que me estaba matando con el trabajo. En ese estado estaba cuando el Señor me comparó con un camión cisterna que no tenía combustible para compartir con otros.

Recuerdo responderle: «Dios, sé que a menudo estoy ministrando a otros con solo un cuarto de tanque. Y puedo sentir frecuentemente que goteo desde un cuarto de tanque hasta estar casi vacío. De algún modo, pasando tiempo contigo soy capaz de volver a recuperar ese cuarto de tanque; y entonces comienza otra vez el agotamiento. Señor, tú sabes que llego donde no puedo pensar. No tengo la fuerza física para mantener el ritmo. Y aunque me las arreglo para estar ahí, no tengo las reservas emocionales o mentales para ayudar adecuadamente a nadie».

Tras diagnosticar de modo preciso la situación que el Señor había llevado a mi atención amorosamente, entonces ofrecí lo que yo creía que era el ideal de Dios. Clamé: «Dios, sé que quieres que siempre ministre a otros desde un tanque que esté lleno entre tres cuartos y completo». Sin duda, yo no tenía idea de cómo hacer que eso sucediera, pero tenía confianza en que esa era la meta.

Entonces escuché la respuesta del Señor. Él dijo: «Estás equivocado».

«¿Cómo, Señor?».

«No quiero que ministres desde un tanque que está meramente *casi* lleno. Quiero que ministres desde un tanque que *rebose*. Una copa que esté rebosando. Eso es lo que quiero para ti, hijo».

Las palabras del Padre celestial me hicieron recordar el Salmo 23:

«Aderezas mesa delante de mí en presencia de mis angustia-dores; unges mi cabeza con aceite; mi copa está rebosando».[1]

Dios cambió drásticamente mi paradigma. Él no quería que batallara para de algún modo mantenerme lleno en medio de demandas constantes para dar. Su deseo para mí era que estuviera tan descansado y renovado que rebosara de modo natural en cada situación. Eso es cierto también para usted. Ese es el milagro del día de reposo. Simplemente apartar un día de cada siete para recargar y reconectar con Dios es la clave para vivir en modo rebosante.

Sus cuatro tanques

Por favor, entienda que no solo los pastores están constantemente "reabasteciendo" a otros. Esa es también su propia realidad, sin importar lo que haga para ganarse la vida. Usted necesita combustible para compartir con su familia, con personas en su trabajo, con sus amigos, y con sus otras relaciones. Lo que hace y quién es usted es muy importante para otros. Hay personas que dependen de usted de diversas maneras. Como creyente, lleva en usted la luz y la vida de Dios, pero es un transmisor ineficaz de esa luz y vida si está agotado.

Mientras más pensaba en esa imagen de un camión cisterna, más entendía cuán apropiado es como metáfora para el creyente. Esos camiones no conducen de un lado a otro ininterrumpidamente; tienen que regresar al depósito de combustible regularmente para cargar más combustible. Si yo soy ese camión, también yo debo repostar; necesito regresar al depósito de combustible regularmente para poder seguir llenando los tanques de otras personas. No puedo dar lo que yo no tengo. A medida que meditaba en esa verdad, el Señor volvió a hablarme directamente: «Robert, por alguna razón has decidido que estás malgastando tiempo cuando estás "sentado sin hacer nada" mientras estás repostando de nuevo en mi depósito de combustible. Te has permitido a ti mismo sentirte culpable por un poco de tiempo de descanso que es absolutamente esencial para tu capacidad de seguir supliendo a otros».

Era cierto. Pensé en cuán ridículos eran mis pensamientos a la luz de las palabras de Dios para mí. Al final, había permitido que la culpabilidad y la presión de grupo me alejaran gradualmente de detenerme en "el depósito de combustible". Seguía conduciendo de una estación a otra, llenando los tanques de todos los demás. ¡No es extraño que comencé a seguir con el tanque vacío! Iba chisporroteando a un lado de la carretera, dirigiéndome a un colapso.

Desde entonces, he aprendido más sobre cómo nos creó Dios para operar en Él. He descubierto que todos tenemos cuatro áreas de nuestra vida que llegan a agotarse si no tomamos tiempo para revitalizarnos y reabastecernos. Es útil pensar en estas cuatro áreas como reservas distintas, o tanques, que deben ser rellenados constantemente hasta rebosar. Usted y yo tenemos reservas espiritual, física, emocional y mental. Debemos reabastecer regularmente los

> Usted y yo tenemos reservas espiritual, física, emocional y mental.

cuatro tanques para asegurarnos de rebosar hacia otros. ¿Cómo? Mediante el verdadero *descanso* tal como Dios lo diseñó para que lo experimentemos.

Ya he descrito cómo Dios captó mi atención finalmente tras cinco años de intentar reabastecer constantemente a otros a la vez que ignoraba el método sabio y definido de Dios para reabastecerme a mí mismo. Debbie y yo habíamos empujado duro en aquellos cinco primeros años de la existencia de Gateway. Cuando comienza una nueva iglesia, hay que ministrar a una amplia variedad de personas de maneras muy diferentes cada día. Nosotros seguíamos adelante, y adelante, y adelante. Parte de ese "adelante" incluía varios viajes misioneros internacionales. Viajábamos distancias inmensas y ministrábamos en el otro extremo de esos viajes. A menudo, éramos testigos de una necesidad desgarradora y tragedia devastadora. Nos involucrábamos al máximo para ayudar de cualquier modo que pudiéramos; pero ya estábamos con el tanque vacío.

Cada una de nuestras reservas estaba vacía. Yo no me estaba reabasteciendo, y ella no se estaba reabasteciendo. Mi pregunta es: ¿lo hace usted?

Recuerdo que recibí una llamada telefónica de un amigo que, al principio, no tenía mucho sentido para mí. La voz que había al otro lado de la línea dijo: «Robert, las cosas me van estupendamente. Todo es maravilloso, en realidad; pero siento que estoy bajo ataque».

Recuerdo pensar: *¿Cómo van juntas esas dos últimas frases? ¿Cómo podemos considerar que todo es maravilloso, y sin embargo sentir que estamos bajo ataque?* Pero a medida que escuchaba más, me quedó claro que mi amigo estaba experimentando algo bastante común, algo que yo reconocía personalmente por mi pasado antes del día de reposo. Yo sabía por experiencia que es realmente posible estar experimentando éxito exteriormente y objetivamente y a la vez sentirse interiormente bajo asedio. Sentirse ansioso, desestabilizado y triste.

Cuando él terminó de hablar, compartí lo que sabía que era la solución a este problema: la revelación de los cuatro tanques. Le dije que nos agotamos si no tomamos tiempo para reabastecernos y vigorizarnos en cada una de esas cuatro áreas. Le dije que, como cristianos, nuestro modo por defecto es enfocarnos en el tanque espiritual. A menudo pensamos: *Bueno, si tan solo oro un poco, me sobrepondré a esto.* Pensamos que lo único que tenemos que hacer es volver a tener nuestro tiempo de devoción cada mañana y todo irá bien. Sí, un tiempo de devoción es muy beneficioso, pero hay otros tres tanques que también tienen que ser rellenados: un tanque físico, un tanque espiritual, y un tanque mental.

En el curso de la llamada telefónica, yo había diagnosticado su problema; por lo tanto, antes de colgar le redacté una receta. Le recomendé: «Cuando colguemos el teléfono, pasa un rato en oración, duerme una siesta, y entonces reúne a tu familia y vean una película divertida». Él prometió seguir mis instrucciones al pie de la letra. Más adelante me envió un mensaje de texto y decía: «¡No puedo creer cuán bien me siento!».

Lo único que yo hice fue recomendar algunas cosas que añadirían un poco de combustible a sus cuatro tanques. También funcionará para usted. Lo único que tiene que hacer es descubrir lo que le reabastece. La próxima vez que se sienta desalentado o bajo ataque, tome algún tiempo para llenar sus cuatro tanques. Se sorprenderá de cuán bien se siente. Exploremos estos cuatro tanques a medida que hablo de algunas de las cosas que he descubierto que los rellenan y recargan.

Su tanque espiritual

Pasar tiempo orando y leyendo la Palabra de Dios es la mejor manera de llenar su tanque espiritual. Desgraciadamente, estas actividades que dan vida son consideradas por muchos creyentes como una tarea obligatoria en lugar de un privilegio nutritivo y refrescante. Entiendo por qué. Si usted se crió en la iglesia, toda su vida ha oído que "debería" tener un tiempo de devoción cada día, en torno a la misma época en nuestra vida en la que nos insistían en que nos comiéramos las verduras que no nos gustaban, hiciéramos las tareas que no queríamos terminar, y tomáramos baños que no pensábamos que eran realmente necesarios.

En otras palabras, estábamos condicionados para considerar los "debería" como algo desagradable, incluso si reconocemos a regañadientes que son buenos para nosotros. Es trágico que muchos cristianos coloquen mentalmente el tiempo con Dios y su Palabra en esa categoría. Lo cierto es que, como el día de reposo en sí, no es para beneficio *de Él*, ni tampoco es algo que nos hace ganar puntos ante Él. Es para *nuestro* disfrute y beneficio.

Charles Stanley escribió: «Podemos estar cansados, agotados y emocionalmente consternados, pero tras pasar tiempo a solas con Dios, descubrimos que Él inyecta en nuestro cuerpo energía, poder y fuerza».[2] Él tiene razón. El hecho es que tomar tiempo para estar a solas y tranquilos con Dios no es un regalo para Él; es un regalo para nosotros mismos, un regalo muy necesario. La Palabra de Dios deja claro que estamos

> Tomar tiempo para estar a solas y tranquilos con Dios no es un regalo para Él; es un regalo para nosotros mismos.

en una batalla diaria contra un enemigo muy real. Hay una razón por la que el apóstol Pablo sigue el aliento a «fortaleceos en el Señor» (en otras palabras, mantengamos llenos nuestro tanque espiritual) con una advertencia sobre el conflicto espiritual que encontramos cada día:

«Por lo demás, hermanos míos, fortaleceos en el Señor, y en el poder de su fuerza. Vestíos de toda la armadura de Dios, para que podáis estar firmes contra las asechanzas del diablo. Porque no tenemos lucha contra sangre y carne, sino contra principados, contra potestades, contra los gobernadores de las tinieblas de este siglo, contra huestes espirituales de maldad en las regiones celestes».[3]

Pablo sigue su consejo con el familiar pasaje sobre ponernos «toda la armadura de Dios». Claramente, Pablo entendía algo que muchos de nosotros no entendemos, es decir, que estamos en una guerra diaria con enemigos invisibles. No son «sangre y carne», sino más bien son «huestes espirituales de maldad». No destaco esto para asustarle, pues mayor es Aquel que está en usted que el que está en el mundo.[4] Sin embargo, es usted vulnerable al ataque si su tanque espiritual está crónicamente vacío. Le exhorto del mismo modo que Pablo exhortaba a su joven protegido: «Timoteo, mi querido hijo, *sé fuerte* por medio de la gracia que Dios te da en Cristo Jesús» (énfasis del autor).[5] Le aliento a que "sea fuerte" espiritualmente. Y estoy orando por usted, querido lector, igual que Pablo oraba por los creyentes en Éfeso. Le pido a Dios:

«…para que os dé, conforme a las riquezas de su gloria, el ser fortalecidos con poder en el hombre interior por su Espíritu».[6]

En otras palabras, estoy diciendo: ¡mantenga rebosante su tanque espiritual! Pero recuerde, por favor, que no es su único tanque. Tiene otros tres.

Su tanque físico

Vivimos en una cultura que está bastante obsesionada con la forma física; sin embargo, somos la generación menos en forma de la historia. Básicamente nadamos en información y motivación para correr correctamente y hacer ejercicio; sin embargo, la mayoría de nosotros no hacemos nada de eso. Y no se equivoque al respecto, pues cuando comenzamos a charlar sobre ocuparnos de nosotros mismos físicamente, la dieta y el ejercicio son los dos pilares de esa conversación. Sin embargo, hay un tercer elemento para el bienestar físico que se pasa por alto generalmente: el descanso. Simplemente no hay modo de recargar nuestro tanque físico sin descanso.

> Simplemente no hay modo de recargar nuestro tanque físico sin descanso.

En su excelente libro, *Sacred Rest* (Descanso sagrado), la doctora en medicina Saundra Dalton-Smith describe algunos de los indicadores de advertencia de lo que ella denomina "déficit de descanso físico".

- Nos falta la energía necesaria para hacer todas las tareas físicas en nuestra lista de quehaceres
- Nos sentimos cansados, pero tenemos dificultades para quedarnos dormidos
- Tenemos un sistema inmune débil con enfermedades frecuentes

- Experimentamos dolores musculares y achaques frecuentes
- Dependemos de sustancias para obtener más energía (cafeína, barritas energéticas, azúcar)
- Dependemos de sustancias para obtener más descanso (alcohol, pastillas, comida como consuelo)[7]

¿Le resulta familiar algo de eso? Una avalancha de investigaciones en años recientes señala la importancia del sueño de calidad para tener una salud general. Dormir mal crónicamente se ha relacionado ahora con subida de peso, depresión, incapacidad de concentración, baja productividad, rendimiento atlético reducido, mayor riesgo de ataque al corazón y derrame, riesgo de diabetes tipo 2, función inmune disminuida, mayores niveles de inflamación y todas las cosas horribles que eso conlleva, y peores relaciones.[8] Aparte de eso ¡no hay nada por lo que preocuparse!

El descanso en forma de sueño es claramente vital, pero hay también ciertas formas de actividad física que tienden a restaurarnos en lugar de agotarnos físicamente. Cuáles son esas actividades variarán de una persona a otra. Para algunos, puede que sea dar un paseo; para otras podría ser trabajar en el jardín (¡para mí no!). Como sugiere la Dra. Dalton-Smith:

«Haga un esfuerzo para encontrar lo que le restaura. Experimente con tipos de descanso físico activo para ver cuál produce un nivel más profundo de relajación, paz y bienestar. Lo que usted le hace *a* su cuerpo y lo que hace *con* su cuerpo debe balancearse para mantener el equilibrio. Tenemos que dejar de actuar como si honrar las necesidades físicas de nuestro cuerpo fuera una señal de debilidad, punto. Replantee su postura sobre el cuidado corporal» (énfasis del autor).[9]

Puede que usted diga: «Bueno, no tengo tiempo para descansar». Sin duda, algunos tenemos dificultad para dormir incluso cuando sí tenemos el tiempo. Si es su caso, quiero alentarle a que ore por su situación, la entregue al Señor, y le pida que le ayude a encontrar maneras de poder descansar.

Su tanque emocional

Probablemente nos dice algo sobre nuestros tiempos el que haya una extensa entrada en Wikipedia para "agotamiento emocional". Señala al hecho de que todos tenemos realmente un tanque emocional que puede secarse. Cuando eso sucede, nos sentimos insensibles; estamos irritables y nos resulta difícil manejar situaciones estresantes; tendemos a que nos resulte difícil o imposible generar entusiasmo, incluso por cosas que nos gustaban en el pasado. Batallamos para enfocarnos en tareas vitales.

El combustible principal para su tanque emocional es algo que la Biblia denomina *gozo*. No es ningún accidente que Salmos 28:7 relacione el gozo divino con la fortaleza. C.S. Lewis denominó notoriamente el gozo "el negocio serio del cielo". Demasiados de nosotros hemos permitido que el estrés, la presión del tiempo, los afanes, agradar a los demás, etc., desplacen cada última medida de gozo de nuestra vida. El famoso evangelista de principios del siglo XX, Billy Sunday, observó en una ocasión: «Si no tiene usted gozo, hay una gotera en su cristianismo en alguna parte». Esa gotera está en su tanque emocional. O, dicho de otro modo, no

> El combustible principal para su tanque emocional es algo que la Biblia denomina gozo.

está participando en los tipos de actividades relajadas que lo reponen y reabastecen. Para mí, es tiempo con las personas que amo.

Recientemente, toda nuestra familia (hijos y nietos) fuimos al Sea Life Aquarium en un centro comercial local. Todos los nietos pudieron ver peces y tiburones, y después fuimos a comer. Todos pasamos un tiempo estupendo, y yo me sentí completamente renovado y vigorizado. Con los años he aprendido que estar con la familia y con amigos me renueva emocionalmente. Es importante encontrar lo que funcione para usted.

Su tanque mental

«Ah, tengo demasiadas cosas en mi mente». Esa es la excusa común que ponemos ante otros cuando crónicamente estamos olvidadizos, distraídos, desenfocados, tendemos a posponer, tendemos a tener accidentes, o inusualmente tendemos a cometer errores. Lo que realmente estamos revelando al decir algo como eso es que hemos permitido que nuestro tanque mental opere indicando "E" (*Empty*/vacío).

Dios creó la mente humana con una capacidad enorme. Cuando está sano, nuestro cerebro puede procesar cantidades sorprendentes de información, sintetizarla, sacar conclusiones de ella, y retenerla. Un libro de texto de consejería cristiana de Europa comienza un capítulo titulado "El milagro del cerebro humano" de este modo:

«El cerebro humano es la mayor maravilla de la creación. Este pequeño órgano pesa solo 1500 gramos, pero contiene más células nerviosas que personas hay sobre la tierra, más de diez mil millones, una cifra simplemente inimaginable. Cada célula nerviosa está unida a otras por cientos de pequeñas ramas, y el intercambio de información entre ellas es más ligero que el intercambio telefónico de una ajetreada capital. La cifra de "conexiones telefónicas" en un cerebro sobrepasa el número de estrellas en una galaxia. ¡Sería más de 1 000 000 000 000! Ninguna computadora o intercambio telefónico está en posición de almacenar e intercambiar tanta información en un espacio tan pequeño como el que ocupa el cerebro humano».[10]

Usted lleva realmente entre sus orejas un milagro de manejo y procesamiento de información; pero como cualquier otra parte de su cuerpo, alma o espíritu, solamente funcionará como Dios la diseñó si la mantiene sana. El descanso y la actividad restauradora son claves para esa salud.

> El descanso y la actividad restauradora son claves para esa salud.

Podría sorprenderle saber que no todos los libros que leo tienen que ver con cosas espirituales, teología, pastoreo o liderazgo. No siempre era ese el caso. Igual que yo solía tener una sensación de culpabilidad inapropiada por no trabajar el lunes cuando todos mis amigos estaban en sus empleos, también me sentía culpable si me tomaba tiempo para leer cualquier cosa que no estuviera relacionada directamente con mi llamado y mis obligaciones como ministro. Lo que no entendía era que cuando estaba leyendo contenido relacionado con el trabajo en casa en mi día libre, básicamente estaba *trabajando*, contrario a estar descansando. Mi mente aplicaba activamente todo lo que estaba leyendo a las situaciones y circunstancias de mi vida laboral. En otras palabras, estaba vaciando mi tanque mental en lugar de rellenándolo.

Por fortuna, ya he superado eso. Me propongo en mis días de

descanso leer cosas que me interesen, cosas que no tengan relación o un impacto directo sobre mis responsabilidades laborales. Para mí, eso incluye historia, particularmente la historia del oeste americano. Por ejemplo, recuerdo haber disfrutado mucho de leer una biografía del notable jefe indio comanche Quanah Parker. Al final de aquella fascinante experiencia de lectura me sentí mentalmente renovado y vigorizado. Lo leí porque me interesaba, y no porque el contenido tuviera nada que ver con mi vida laboral.

También he sido liberado de cualquier atadura religiosa con respecto a las películas divertidas. Lo admitiré. Me gusta ver películas que me hagan reír; es una de esas cosas que llena mi tanque mental. Sin duda, sigo mi conciencia sobre el contenido inapropiado. No veo nada que contamine mi conciencia, pero hay muchas películas muy divertidas que me siento cómodo al verlas con mi esposa y mis hijos a mi lado. Y afortunadamente, versiones de películas editadas para la industria de la aviación comunican toda la diversión con poco o nada del lenguaje o las escenas inapropiadas.

He descubierto lo que funciona para mí, y usted tendrá que hacer lo mismo. Lo que sé con seguridad es que usted tiene un tanque mental que necesita ser rellenado regularmente hasta rebosar. Esa realidad plantea una pregunta: ¿cómo sabemos cuándo está lleno?

Monitoree sus niveles de combustible

Quedarse literalmente sin gasolina en un vehículo es casi tan común como lo era cuando yo era joven y llevaba en mi cartera una licencia de conducir recién impresa. En aquel entonces parecía que yo, y otras personas a las que conocía, nos quedábamos sin gasolina con cierta regularidad. Y sin teléfonos celulares, eso significaba esperar que algún conocido pudiera pasar por allí, o ir caminando hasta la cabina telefónica o línea telefónica fija más cercana. (Los lectores por debajo de cierta edad quizá necesiten consultar en internet el término *cabina telefónica*).

¿Por qué era más común en aquel entonces quedarse sin gasolina? Bueno, por un lado, en una pequeña ciudad en el este de Texas en la década de los años setenta no había una gasolinera cada poca distancia, como es el caso en nuestras zonas urbanas actualmente. Tampoco llevábamos tarjetas de débito; llevábamos dinero en efectivo. Y si no llevabas nada, no te detenías a comprar gasolina. Sin embargo, creo que realmente hay que darle el mérito a otro desarrollo tecnológico por la rareza de quedarse detenido a un lado de la carretera en estos tiempos con el tanque de gasolina vacío.

Se debe a que nuestros indicadores de gasolina se han vuelto mucho más sofisticados y precisos. En aquella época había pocos indicadores en el salpicadero, solo los de tres cuartos, la mitad, y un cuarto del tanque. Y también había otra marca que indicaba E [*empty*] de vacío. Sin duda, todo el mundo sabía que la E realmente no significaba vacío; aún quedaba más gasolina cuando la aguja señalaba la E. Lo único es que no se sabía *cuánto más* quedaba. Era un juego de adivinanzas. No es así en la actualidad. En cierto momento los vehículos llegaron a equiparse con esa luz que indica "poco combustible" y que se enciende de modo amenazante cuando verdaderamente estamos a punto de quedarnos sin gasolina. Entonces nuestros indicadores de gasolina comenzaron a decirnos exactamente cuántos kilómetros más podíamos conducir hasta quedarnos con el tanque vacío. En años recientes, los fabricantes de vehículos han diseñado maneras incluso más sofisticadas de que hacer que el vehículo avise y moleste cuando el nivel de gasolina es bajo. En otras palabras, nos quedamos sin gasolina con mucha menos frecuencia porque nuestros vehículos han mejorado en cuanto a monitorizar nuestros niveles de combustible.

Cuando se trata de sus cuatro niveles de combustible, una luz parpadeante que indica "poco combustible" va a iluminarse en su frente cuando usted esté en un nivel peligrosamente bajo en cualquiera de esas áreas. Lo único que tiene es su propia disposición a monitorearse a usted mismo, junto con el Espíritu Santo en su interior, sin duda. Jesús lo llamó "el Ayudador" por una razón. Si se lo permite, y tiene un oído espiritual inclinado hacia su voz, Él se lo hará saber. El problema es que cuando su tanque espiritual está bajo, también es probable que sea espiritualmente duro de oído.

Por eso es tan importante el principio del día de reposo. Es la clave para mantenernos renovados y en modo rebosante. También es importante conocer concretamente qué es lo que rellena estas cuatro áreas de nuestra vida para así poder saber qué hacer (y evitar) en nuestros días de reposo. ¿Qué le recarga espiritual, mental, física y emocionalmente? Muchas de estas cosas puede que no parezcan claramente espirituales o "santas", y está bien. Mientras no estemos quebrantando algún principio bíblico o cometiendo un pecado, ¡hay que recargar! Recuerde que Pablo nos alentó a confiar «en el Dios vivo, que nos da todas las cosas en abundancia para que las disfrutemos».[11]

> ¿Qué le recarga espiritual, mental, física y emocionalmente?

Lea ese libro de suspenso. Vea esa película divertida. Prepare esa caña de pescar. Trabaje en ese rompecabezas. Esté con las personas que alimentan su alma y dan calidez de su corazón. Explore ese nuevo restaurante exótico. Siéntese en su porche trasero y mire fijamente al espacio. Todo es "espiritual" si le recarga y le renueva.

Deje que le recuerde que el día de reposo no es una tarea religiosa que tiene que hacer para que Dios no se enoje con usted. Es un regalo que Dios ha ordenado que se conceda a usted mismo para que así pueda ser su representante sano, productivo y de larga vida ante un mundo quebrantado, y lograr todo aquello para lo cual Él le puso en esta tierra. Exploremos ahora este regalo con mayor profundidad.

Notas

1. Salmos 23:5
2. Charles Stanley, *Cómo escuchar la voz de Dios* (Nashville: Editorial Caribe, 2002), p. 58 (de la versión inglesa).
3. Efesios 6:10-12
4. Ver 1 Juan 4:4
5. 2 Timoteo 2:1, NTV
6. Efesios 3:16
7. Saundra Dalton-Smith, *Sacred Rest: Recover Your Life, Renew Your Energy, Restore Your Sanity* (New York: FaithWords, 2017), p. 41.
8. Joe Leech, "10 Reasons Why Good Sleep Is Important," Healthline, 2018, https://www.healthline.com/nutrition/10-reasons-why-good-sleep-is-important.
9. Dalton-Smith, *Sacred Rest*, p. 40.
10. Samuel Pfeifer, *Supporting the Weak; Christian Counselling and Contemporary Psychiatry* (Carlisle: Send The Light, 1994), p. 26.
11. 1 Timoteo 6:17

CAPÍTULO 4

EL DÍA DE REPOSO FUE HECHO PARA USTED

El día de descanso se hizo para satisfacer las necesidades de la gente, y no para que la gente satisfaga los requisitos del día de descanso.

—Jesús (Marcos 2:27, NTV)

Cualquier propietario de una casa que alguna vez haya emprendido una remodelación completa de la cocina sabe que es uno de los proyectos del hogar más caros y complejos que uno puede abordar. Aun así, las familias judías que quieren tener una cocina moderna, pero deciden observar estrictamente las leyes dietéticas judías, es decir, comer "*kosher*", tienen una tarea doblemente abrumadora ante ellas.

Cuando la mayoría de nosotros que no somos judíos pensamos en las normas dietéticas *kosher*, pensamos en evitar el cerdo; sin embargo, en el centro de crear una cocina *kosher* radica la necesidad de mantener meticulosamente todos los productos lácteos lejos de los productos de carne. Eso requiere tener dos refrigeradores, pero eso no es todo. También hay que mantener todo lo que toca la carne lejos de todo lo que toca los lácteos. Por lo tanto, hay que duplicar conjuntos de ollas, sartenes, recipientes de mezclar, y los utensilios no solo tienen que estar separados sino también mantenerse separados unos de otros y fácilmente identificados con respecto a qué parte de la cocina pertenecen. Nunca deben mezclarse. Esto se extiende a tener dos lavavajillas. Incluso después de que todo el equipamiento y el almacenaje estén en su lugar, comer *kosher* aún requiere una atención estricta a la planificación, el horario, la secuencia y el procesamiento en la preparación de los alimentos para asegurarse de que la carne y los lácteos no formen parte de la misma comida.

¿Se ha preguntado alguna vez de donde vinieron en el Antiguo Testamento todas esas complejas restricciones *kosher*? ¿Dónde dice: «No comerás hamburguesa con queso»? ¿O dónde está escrito: «Un recipiente que toque unas costillas rostizadas nunca puede permitirse que toque un Monterey Jack?». La respuesta es: viene de Éxodo 23:19. Ahí, Dios dijo:

«No guisarás el cabrito en la leche de su madre».

Este mandamiento de diez palabras se repite textualmente en Éxodo 24:26 y Deuteronomio 14:21. Eso es todo. Todas las elaboradas regulaciones acerca de los lácteos y las carnes surgen de esta directiva tan breve y muy concreta. Dios dijo básicamente: «Nunca tomes un cabrito y lo guises en la leche de su propia madre». Dios no explica *por qué* no quiere que hagan eso. Solamente podemos especular. Es bastante posible que esta extraña práctica fuera algo que el pueblo amonita o moabita realizaba como parte de una ceremonia de adoración idólatra a un dios falso. Quizá Dios veía que los israelitas eran tentados a seguir esa práctica. De hecho, vemos evidencia de que ese era ciertamente el caso en las instrucciones que Dios dio con respecto a llevar ofrendas al tabernáculo. En el capítulo 17 de Levítico, Dios le dice a Moisés:

«El propósito de esta regla es evitar que los israelitas sacrifiquen animales en campo abierto; asegurará que lleven sus sacrificios al sacerdote a la entrada del tabernáculo, para que él pueda presentar los animales al Señor… *El pueblo ya no debe serle infiel al Señor al ofrecer sacrificios a ídolos que tienen forma de cabra*» (énfasis del autor).[1]

Aquí, Dios destaca personalmente que algunos entre las tribus de Israel estaban quedando atrapados en cierto tipo de culto demoníaco y centrado en cabras, ¡y ni siquiera habían entrado aún en la tierra de la promesa! ¿Implicaba jugar a "hacer sacrificios" con estos "demonios con forma de cabra" algún ritual festivo extraño en el cual se guisaba un cabrito en la leche de su propia madre? Si es así, sin duda esto explicaría por qué el Señor repitió la prohibición de la extraña práctica no menos que tres veces.

Cualquiera que sea la razón, ahora sabemos que a lo largo de los siglos el pueblo judío amplió, extendió y extrapoló ese breve mandamiento hasta convertirlo en una prohibición que implicaba no solo la carne de cabrito sino *todas* las carnes. Y no solo la leche de la cabra de ese cabrito concreto, sino *todos* los productos lácteos provenientes de *todas* las fuentes. Y no solo guisar, sino ninguna forma en absoluto de cocinar. Y no solo cocinar carne y productos lácteos juntos, sino ni siquiera consumir los dos dentro de la misma comida, aunque se cocinaran por separado. Y no solo cocinar y comer, sino también incluso tocar las mismas superficies.

¿Cómo llega a suceder eso?

Puedo dar una respuesta de una sola palabra: religión. Es el mismo impulso que condujo a Adán y Eva a hacerse delantales de hojas de higuera para cubrirse y ocultar su vergüenza, y el que impulsó a los antiguos ciudadanos de Babel a intentar construir una torre que

> Hay algo en el corazón humano caído que quiere añadir a las sencillas instrucciones que Dios nos ha dado.

llegara hasta el cielo. Hay algo en el corazón humano caído que quiere añadir a las sencillas instrucciones que Dios nos ha dado. Entre el pueblo de Israel, ese impulso dio como resultado multiplicar y ampliar las leyes y regulaciones que Dios les dio por medio de Moisés.

Alguien contó alguna vez todos los mandamientos y ordenanzas contenidos en Éxodo, Levítico, Números y Deuteronomio, y sumó 613. Se podría pensar que ya sería bastante desafiante intentar obedecer 613 mandamientos concretos, y sin embargo a lo largo de los siglos los líderes religiosos de Israel encontraron maneras de ampliar la mayoría de ellos. Cuando Jesús entró en escena aproximadamente unos 1500 años después, los fariseos afirmaban (falsamente) seguir estrictamente las miles de reglas establecidas mediante la enseñanza oral rabínica llamadas la *Misná*. En una ocasión, Jesús condenó esta ampliación de la ley citando al profeta Isaías:

«Así habéis invalidado el mandamiento de Dios por vuestra tradición. Hipócritas, bien profetizó de vosotros Isaías, cuando dijo: "Este pueblo de labios me honra; mas su corazón está lejos de mí. Pues en vano me honran, *enseñando como doctrinas, mandamientos de hombres*" (énfasis del autor)».[2]

En otra ocasión, Jesús condenó a estos expertos en la ley, señalando que aunque exhortaban firmemente a los ciudadanos comunes a obedecer todas las reglas que ellos habían creado, ellos mismos no estaban dispuestos a hacerlo:

«Sí —dijo Jesús—, ¡qué aflicción les espera también a ustedes, expertos en la ley religiosa! Pues aplastan a la gente bajo el peso de exigencias religiosas insoportables y jamás mueven un dedo para aligerar la carga».[3]

Algo muy similar había sucedido con el mandamiento de Dios con respecto al día de reposo. A lo largo de los siglos se habían añadido muchas restricciones y detalles adicionales al mandamiento claro de Dios de descansar el séptimo día. Cuando leemos los Evangelios, está claro que Jesús estaba siempre inquietando y enojando a los líderes religiosos de su tiempo al negarse a seguir todas las provisiones y restricciones extra que habían sido añadidas a lo largo de los siglos. Jesús reconocía que ellos habían convertido lo que Dios quiso que fuera una bendición en una pesada obligación.

> Jesús reconocía que ellos habían convertido lo que Dios quiso que fuera una bendición en una pesada obligación.

En su libro *The Rest of God* (El reposo de Dios), el pastor Mark Buchanan observa que entre nosotros y experimentar el poder del principio del día de reposo se interponen un obstáculo y una trampa. El obstáculo es la ocupación. La trampa es el legalismo. Él escribe:

«Por mucho tiempo, el legalismo era el perro de caza que perseguía al día de reposo, y lo mantenía demacrado y afligido. Esa sin duda era la situación que se encontró Jesús en Galilea y sus entornos: las ciudades empujadas por quienes insistían en las reglas, hombres que estudiaban cada matiz del embrollo del día de reposo, que observaban cada movimiento que hacía Jesús, que se fustigaban con cada detalle por sus infracciones. Ellos lo convertían en cierto tipo de deporte, inventando trampas para ver si podían agarrar a Jesús haciendo algo extravagante y, ante sus ojos, ilícito en el día de reposo. Él generalmente cumplía, sabiendo bien lo que ellos estaban haciendo».[4]

Ya hemos examinado el obstáculo de la ocupación. Por lo tanto, ahora tiene sentido abordar la trampa de entender correctamente cómo recibir y disfrutar el regalo del día de reposo en nuestra vida.

Vida, y no ley

Jesús estaba en casa. Iba viajando y ministrando por las ciudades y aldeas que rodeaban el mar de Galilea, la región donde se había criado desde la niñez hasta llegar a ser un hombre. También había predicado, desde luego, en su ciudad natal de Nazaret. Pero su mensaje caía repetidamente en gran parte en oídos sordos. La semilla de la Palabra encontró muy poco terreno receptivo en aquellos lugares.

Al final de su recorrido de predicación y milagros en Galilea, encontramos a Jesús en un momento de reflexión, registrado en el capítulo 11 de Mateo. Él comienza pronunciando "ayes" sobre varias de las ciudades que acababa de visitar. Como un profeta del Antiguo Testamento, señala Capernaúm, Corazín y Betsaida, y advierte que su dureza de corazón daría como resultado un juicio inminente. Entonces, con bastante rapidez Jesús se vuelve amable y suplicante. ¿Eran esas ataduras a la tradición religiosa lo que evitaba que las personas de aquellas ciudades recibieran el mensaje de Jesús? ¿Eran incapaces de responder a los milagros y la gloria que mostró

Jesús porque el legalismo impuesto sobre ellos por los líderes religiosos era sencillamente demasiado pesado? Yo lo creo, porque las palabras siguientes que declara Jesús son estas:

«Vengan a mí todos los que están cansados y llevan cargas pesadas, y yo les daré descanso. Pónganse mi yugo. Déjenme enseñarles, porque yo soy humilde y tierno de corazón, y encontrarán descanso para el alma. Pues mi yugo es fácil de llevar y la carga que les doy es liviana».[5]

En un momento Jesús está pronunciando próximas calamidades sobre las ciudades de Galilea, y al minuto siguiente está implorando a sus oyentes que dejen los pesados yugos del legalismo y tomen el yugo liviano y fácil que Él ofrecía. «Vengan a mí», les invita, «y yo les daré descanso».

> Dejen los pesados yugos del legalismo y tomen el yugo liviano y fácil.

¡Descanso! No es coincidencia que las siguientes historias en el Evangelio de Mateo se centren en torno a Jesús y el día de reposo: el día de descanso diseñado por Dios para su pueblo. El capítulo 12 de Mateo comienza con Jesús y sus discípulos atravesando un campo de trigo en el día de reposo. Mientras caminaban, el grupo que obviamente tenía hambre recogió algunas espigas de grano maduro del tallo y se las comió. Los fariseos, la policía autodesignada, aparentemente estaban observando desde cierta distancia porque inmediatamente llamaron a Jesús e intentaron redactar una citación para Él:

«Viéndolo los fariseos, le dijeron: He aquí tus discípulos hacen lo que no es lícito hacer en el día de reposo».[6]

Jesús responde señalando un incidente en el Antiguo Testamento que implicó a una figura tan importante como David:

> «Pero él les dijo: ¿No habéis leído lo que hizo David, cuando él y los que con él estaban tuvieron hambre; cómo entró en la casa de Dios, y comió los panes de la proposición, que no les era lícito comer ni a él ni a los que con él estaban, sino solamente a los sacerdotes? ¿O no habéis leído en la ley, cómo en el día de reposo los sacerdotes en el templo profanan el día de reposo, y son sin culpa?»[7]

Citar estos ejemplos habría sido suficiente para hacer enfurecer a los fariseos porque hacían que Jesús, un carpintero de alguna ciudad desconocida en lo que ellos consideraban el campo remoto, se estuviera comparando a sí mismo con el gran rey David. Pero Jesús no había terminado de sacudir sus sentimientos religiosos:

> «Pues os digo que uno mayor que el templo está aquí. Y si supieseis qué significa: Misericordia quiero, y no sacrificio, no condenaríais a los inocentes; porque el Hijo del Hombre es Señor del día de reposo».[8]

Aquí, Jesús revela algo a los fariseos que se había esforzado mucho por ocultar a otros: *Él es el Mesías.* Para estos expertos en los escritos de la Ley y los Profetas, los términos "uno mayor que el templo" y "Señor del día de reposo" son pronunciamientos claros. Jesús les está diciendo claramente que Él es el tan esperado Salvador del pueblo de Dios. Por supuesto, ellos no lo creyeron. Tal afirmación solo hizo que su enojo aumentara exponencialmente.

En el relato que hace Marcos del mismo incidente, registra una frase adicional en las palabras de Jesús a los fariseos. Justamente antes de declararse a sí mismo "Señor del día de reposo", Jesús dijo:

«El día de reposo fue hecho por causa del hombre, y no el hombre por causa del día de reposo».[9]

Con una sencilla frase, Jesús identificó el fallo fatal en la mentalidad legalista y religiosa. Con pocas palabras explicó dónde se habían equivocado rabinos y maestros de la ley a lo largo de los siglos. En algún lugar en el camino, habían dado la vuelta al propósito de Dios para el principio del día de reposo.

Habían comenzado demandando que el pueblo de Dios sirviera al día de reposo, en lugar de alentarlos a permitir que el día de reposo los sirviera a ellos.

Usted no fue hecho para el día de reposo; ese día fue hecho para usted. El día de reposo es un regalo. Dios no creó a las personas para que finalmente fueran criaturas en el planeta que honraran su día de reposo. Él creó el día de reposo como un regalo para su pueblo amado. Esta declaración fue a la vez una revelación explosiva y un ultraje para los fariseos que escucharon las palabras de Jesús. Pero la conversación aún no había terminado. Mateo revela que Jesús entonces se dirigió a la sinagoga local. Allí, los fariseos establecieron una prueba para ver hasta qué extremo llegaría Jesús en cuanto a quebrantar su perspectiva distorsionada de lo que era permisible en el día de reposo.

> Usted no fue hecho para el día de reposo; ese día fue hecho para usted.

«Pasando de allí, vino a la sinagoga de ellos. Y he aquí había allí uno que tenía seca una mano; y preguntaron a Jesús, para poder acusarle: ¿Es lícito sanar en el día de reposo? El les dijo: ¿Qué hombre habrá de vosotros, que tenga una oveja, y si ésta cayere en un hoyo en día de reposo, no le eche mano, y la levante? Pues ¿cuánto más vale un hombre que una oveja? Por consiguiente, es lícito hacer el bien en los días de reposo. Entonces dijo a aquel hombre: Extiende tu mano. Y él la extendió, y le fue restaurada sana como la otra».[10]

> El legalismo ama el sistema. Dios ama a las personas.

Aquí vemos el enfrentamiento entre lo que valora el legalismo y lo que valora Dios. El legalismo ama el sistema. Dios ama a las personas.

¿Cuál fue la respuesta de los fariseos a este acto de compasión? ¿Se alegraron con el hombre y su familia? ¿Se arrepintieron y ajustaron su paradigma, dado el poder milagroso con el que Dios acababa de respaldar lo que Jesús había dicho? Bueno, no exactamente:

«Y salidos los fariseos, tomaron consejo con los herodianos contra él para destruirle».[11]

Hay un elemento notable en la frase anterior que tiende a pasar por encima de nuestras cabezas a menos que entendamos la política y la cultura de la época de Jesús. Es decir, el hecho de que los fariseos y los herodianos se despreciaban mutuamente. Eran enemigos mortales en aquella época. Los herodianos eran transigentes judíos; eran la élite de la sociedad judía en Judea y Galilea que estaban dispuestos a dejar a un lado muchas de sus convicciones religiosas a cambio de privilegios y prestigio del Imperio Romano invasor. Decidieron dejarse llevar para llevarse bien. Y para los ultrarigoristas, los fariseos, eso no era nada menos que una traición a Abraham, Moisés y David. Los fariseos estaban tan ofendidos por Jesús y su rechazo de lo que ellos creían sobre el día de reposo (el cuarto mandamiento), que estaban dispuestos a cooperar con el despreciado rival para maquinar la muerte de Jesús y, mediante eso, ¡quebrantar el sexto mandamiento (que prohibía el asesinato)!

Jesús entendía lo que ellos claramente no entendían. El día de reposo no es un conjunto de restricciones rígidas, inflexibles y complejas que hay que seguir. Es en realidad una invitación para ser aceptada.

Como yo descubrí en mi primera visita a Israel, guardar el día de reposo (*sabbat*) sigue siendo un asunto serio hasta la fecha. En aquel primer viaje, nos habíamos quedado en uno de los pisos superiores de un hotel en Jerusalén por varios días cuando llegó la noche del viernes. Esa noche entré en el elevador para dirigirme a mi habitación, pulsé el botón de mi piso y…no sucedió nada. Volví a pulsarlo, y una vez más, no sucedió nada. Recuerdo dirigirme a uno de mis acompañantes de viaje y decir: «El elevador está averiado». Entonces a los dos se nos encendió la bombilla: «Es viernes y el sol ya se ha puesto. ¡Es el *sabbat*!». Yo sabía que, según las estrictas regulaciones del día de reposo, incluso presionar un botón del elevador se considera "trabajo". Recuerdo pensar: *Entonces se considera "trabajo" que yo pulse el botón del elevador, pero ¿no es "trabajo" que baje a pie ocho tramos de escaleras?* En realidad, como en la mayoría de edificios con varios pisos en Israel, un elevador permanece operativo y se detiene automáticamente en cada piso a lo largo del día de reposo. De ese modo, nadie tiene que quebrantar el día de reposo al pulsar un botón.

Podría usted preguntar: «¿De dónde viene en la Biblia esta prohibición de pulsar botones?». Como el muro *kosher* entre carne y queso, puede remontarse hasta un mandamiento mucho más sencillo y claro. En Éxodo 35, mientras repite su instrucción de honrar el día de reposo, Dios dice: «No encenderéis fuego en ninguna de vuestras moradas en el día de reposo». A lo largo de los siglos, esa regla de "no encenderéis fuego" se amplió hasta incluir una regla de "ninguna luz ni lámparas". Y entonces, cuando se volvió común tener electricidad en los hogares, esto se tradujo en una regla de "no encender luces". Ahora en la era de los aparatos inteligentes y conectados al Internet, la mayoría de los nuevos refrigeradores vienen con una opción de "modo *sabbat*". Si se activa esa opción, la luz interior del refrigerador no se encenderá durante las horas del *sabbat*. Eso es. Incluso permitir que se encienda una luz que uno no enciende personalmente se considera una actividad prohibida en el *sabbat*. Como resultado, los hogares observantes que tienen un refrigerador antiguo quitan la bombilla la tarde del viernes y vuelven a ponerla la noche del sábado.

¿Comienza a ver cómo el legalismo insidioso puede ahogar toda la vida y la bendición del asombroso regalo de Dios del día de reposo? Aquí no estoy señalando a mis amigos y vecinos judíos observantes. Algunos de mis colegas cristianos han hecho lo mismo. He visto a creyentes maduros caer en el legalismo con respecto a varias cosas que son buenas en sí mismas. Todos somos capaces de ceder al impulso religioso y, cuando lo hacemos, perdemos las bendiciones que Dios quiere que experimentemos cuando obedecemos desde el corazón en lugar de hacerlo desde una mera observancia externa de reglas hechas por el hombre.

Cuando aceptamos los principios de Dios desde el corazón, no es ley. ¡Es vida!

¿Está preparado para prosperar?

Dios nunca quiso que nos volviéramos rígidos y legalistas con respecto a nuestro día de reposo. Él nos dio el *sabbat* como un Padre amoroso bendice a sus hijos. Es un gozo descansar; y hay gran poder y fortaleza que obtener al pausar una vez por semana para tener comunión con Dios, para que encontremos refrigerio y renovación a medida que contemplamos su bondad y poder. Ese es precisamente el mensaje de uno de nuestros salmos más queridos. El Salmo 92 tiene el encabezamiento que dice: "Cántico para el día de reposo". Comienza con estas palabras:

> Encontramos refrigerio y renovación a medida que contemplamos su bondad y poder.

«Bueno es alabarte, oh Jehová,
Y cantar salmos a tu nombre, oh Altísimo;
Anunciar por la mañana tu misericordia,
Y tu fidelidad cada noche».[12]

Aquí, el salmista declara su actitud con respecto al día de reposo: es un día para honrar al Señor y cantar alabanzas a Él. ¿Cuál es el resultado de esto? Unos versículos más adelante, el salmista nos hace saber: «Seré ungido con aceite fresco».[13] Por favor, observemos eso. Pausar durante un día para estar agradecidos y pensar en el amor y fidelidad de Dios dio como resultado que el escritor recibiera una unción fresca de Dios. Esto es mucho más importante de lo que muchos cristianos entienden. Esta cobertura de aceite de la unción sobre una persona es una metáfora del Espíritu de Dios reposando sobre una persona.

Recibir una "unción" del Espíritu de Dios no es jerga eclesial para sentirnos más cerca de Dios. No es un difuso sentimiento de calidez que no tiene ningún impacto real sobre nuestra vida cotidiana. Si duda de mis palabras, haga un estudio en el Antiguo Testamento sobre los hombres y las mujeres que se dice que tienen el Espíritu de Dios descansando sobre ellos. En Éxodo, fue una unción especial del Espíritu la que dio a los artistas y artesanos entre los israelitas talentos sobrenaturales para trabajar con los materiales para el Tabernáculo.[14] Fue el Espíritu quien equipó a Josué para liderar y conquistar. Fue el Espíritu el que llenó a Sansón con la fuerza de muchos hombres.[15] En 1 Samuel 16 leemos: «Y Samuel tomó el cuerno del aceite, y lo ungió en medio de sus hermanos; y desde aquel día en adelante el Espíritu de Jehová vino sobre David». La autoridad y los dones de David para gobernar Israel llegaron el día en que Samuel lo ungió y el Espíritu de Dios vino sobre él. Tengamos en mente que esta es la era del viejo pacto. Estas personas ni siquiera eran nacidas de nuevo. Usted y yo tenemos la inmensa ventaja no solo de tener el Espíritu de Dios sobre nosotros, ¡sino también dentro de nosotros! Sin embargo, Pablo no nos habría exhortado continuamente a ser llenos del Espíritu si no necesitáramos "reabastecer" regularmente nuestros tanques.

Por favor, no infravalore una unción fresca del Espíritu de Dios. Puede equiparle, y lo hará, para lograr más en seis días de lo que puede hacer en dieciséis días en sus propias fuerzas. Puede hacer que sea usted más creativo, más perspicaz, más enfocado, más intuitivo, y sencillamente más fuerte de lo que podría haber sido jamás por usted solo. Si no está operando regularmente en este nivel sobrenatural de desempeño y habilidad, quizá no está recibiendo unciones regulares y frescas; y quizá eso se debe a que ha descuidado la senda que Dios diseñó para que usted recibiera sus reabastecimientos: ¡el día de reposo!

Sin embargo, este no es el único beneficio descrito por el Salmo 92. El versículo 12 nos dice: «El justo florecerá como la palmera».

Y el versículo 14 revela: «Aun en la vejez fructificarán; estarán vigorosos y verdes».

¿Por qué pasaría eso? ¿Por qué los justos aún siguen siendo

fructíferos, vigorosos y dando fruto incluso en la vejez? ¿Podría ser porque recibieron voluntariamente el regalo restaurador de Dios del día de reposo? ¿Quién no quiere prosperar? ¡Sé que yo

> ¿Quién no quiere prosperar? ¡Sé que yo sí quiero!

sí quiero! ¿Y qué sobre subir sobre las alturas de la tierra? ¿Suena divertido? Bueno, según Isaías 58, eso es precisamente lo que usted hará si honra la sabiduría de Dios para su vida haciendo del día de reposo una prioridad. Dios dice:

> «Si retrajeres del día de reposo tu pie, de hacer tu voluntad en mi día santo, y lo llamares delicia, santo, glorioso de Jehová; y lo venerares, no andando en tus propios caminos, ni buscando tu voluntad, ni hablando tus propias palabras, entonces te deleitarás en Jehová; y yo te haré subir sobre las alturas de la tierra, y te daré a comer la heredad de Jacob tu padre; porque la boca de Jehová lo ha hablado».[16]

Este pasaje representa una promesa maravillosa para todos los creyentes que están dispuestos a dar un paso de fe y aceptar el principio del día de reposo. "Paso" es exactamente la palabra correcta aquí porque el Señor comienza hablando de retraer tu *pie* de hacer tus propias cosas. Eso es exactamente lo que requiere honrar el día de reposo. Hay cientos de cosas diferentes que reclaman su atención, y su impulso natural, "su propia voluntad" es atender a esas cosas. Si es usted adicto al trabajo, "su propia voluntad" es estar trabajando. Pero la persona sabia da un paso y se aleja.

El Señor continúa esas palabras alentándonos a llamar "delicia" al día de reposo. La palabra hebrea traducida como "delicia" implica el significado de "un lujo". La actitud que Dios está alentando aquí

> El día de reposo es un regalo, y que lo guardemos es una declaración valiente de nuestra confianza en la bondad y capacidad de Dios para proveer lo que necesitamos.

es que veamos el día de reposo como un lujo; algo especial en lugar de común; algo que esperar en lugar de aborrecer. Tenemos una visión atrofiada y distorsionada de nuestro Dios generoso si creemos que Él quiere ofrecernos menos de *su* día santo de lo que podemos ofrecernos a nosotros mismos. El día de reposo es un regalo, y que lo guardemos es una declaración valiente de nuestra confianza en la bondad y capacidad de Dios para proveer lo que necesitamos: en nuestro corazón, mente y cuerpo.

Por favor, observe que retraerse y deleitarse en el día de reposo produce una gran recompensa. Isaías dice que, si hacemos eso, «entonces te deleitarás en Jehová». A veces escucho a cristianos que dicen algo parecido a lo siguiente: «Realmente envidio la relación íntima que tiene usted con Dios. Parece que el Padre y usted tienen una conexión cercana y especial. Él le habla muy claramente; me gustaría tener ese tipo de relación». ¿Puedo decirle algo? Yo no soy especial. Este pasaje lo deja claro. Si usted quiere deleitarse más en su relación con el Señor, refrene su pie de hacer su propia voluntad y acepte el día de reposo. «Entonces», nos promete la Palabra, «te deleitarás en Jehová».

«Entonces te deleitarás en Jehová; y yo te haré subir sobre las alturas de la tierra, y te daré a comer la heredad de Jacob tu padre; porque la boca de Jehová lo ha hablado».[17]

¿Le recuerda esa frase, «te deleitarás en Jehová», a otro versículo en la Biblia? La mayoría de los creyentes están familiarizados con las palabras de Salmos 37:4: «Deléitate asimismo en Jehová, y él te concederá las peticiones de tu corazón». Muchas personas han leído ese versículo y se preguntan: «¿Cómo? ¿Cómo me deleito a mí mismo en el Señor?». En otras palabras: «¿Cómo puedo llegar a un lugar donde Dios realmente sea mi deleite, si sinceramente no me siento de ese modo?». Ahora ya sabe la respuesta a esa pregunta. El día de reposo es su entrada para ser ese tipo de persona. ¿Y cuál es el resultado? El Señor le hará «subir sobre las alturas de la tierra».

Notas

1. Levítico 17:5-7, NTV
2. Mateo 15:6-9
3. Lucas 11:46, NTV
4. Mark Buchanan, *The Rest of God: Restoring Your Soul by Restoring Sabbath*, Kindle ed. (repr., Nashville, Tennessee: Thomas Nelson, 2006), pp. 106–107.
5. Mateo 11:28-30, NTV
6. Mateo 12:2
7. Mateo 12:3-5
8. Mateo 12:6-8
9. Marcos 2:27
10. Mateo 12:9-13
11. Marcos 3:6
12. Salmos 92:1-2
13. Salmos 92:10
14. Ver Éxodo 28:3; 31:3; 35:31
15. Ver Jueces 14:6
16. Isaías 58:13-14
17. Isaías 58:14

CAPÍTULO 5

DARSE UN GUSTO

Regocíjese en Cristo Jesús, porque en Él está completo; su justicia está sobre usted, su brazo fuerte le rodea...Este es un lugar seguro donde descansar.

—James Hamilton

En las primeras páginas de este libro señalé que estamos experimentando una epidemia de problemas de sueño en nuestra cultura, y ese mal sueño está en la raíz de un amplio abanico de otros trastornos físicos, mentales y emocionales.

Bueno, ¿ha observado alguna vez que el día de reposo judío comienza a la puesta del sol? De hecho, Dios siempre ha contado con que el día comienza con la noche. Justamente ahí en el inicio del relato de la creación en Génesis 1:5, la Palabra declara: «Y llamó Dios a la luz Día, y a las tinieblas llamó Noche. *Y fue la tarde y la mañana un día* (énfasis del autor)». Pensamos que nuestro día comienza con el amanecer; pero Dios dice que comienza con el atardecer.

Esto es especialmente cierto con respecto al día de reposo. En los hogares judíos observante en todo el mundo, la tarde del viernes es un periodo ajetreado de preparación para las veinticuatro horas que se aproximan rápidamente de inactividad por el *sabbat* y que comenzarán con la puerta del sol. Se preparan las comidas con antelación; se atienden preventivamente las tareas. Todo se pone en orden porque la familia sabe que la puesta del sol trae con ella una comida de celebración, y después descanso. De hecho, antes de la era de la luz eléctrica en las casas, la mayoría de las personas simplemente se iban a la cama más temprano después de oscurecer.

Así es. El día de reposo comienza con alimento y después sueño. ¿Ve lo que Dios está intentando decir sobre el día de reposo mediante este patrón? Cuando estamos dormidos, no nos esforzamos, planeamos, administramos, creamos, construimos o arreglamos. No tenemos el control de nada; somos más vulnerables cuando dormimos. En otras palabras, tenemos que confiar en Dios completamente cuando dormimos.

Voy a repetirlo una vez más…el día de reposo es un paso de fe. Un elemento fundamental del descanso del día de reposo es relajarse en confianza en la bondad y fidelidad de Dios. Cuando lo hacemos, nuestro sueño es profundo, reparador y restaurador. O como lo expresa el sabio rey Salomón, el autor de Proverbios…"¡dulce!".

«Cuando te acuestes, no tendrás temor, sino que te acostarás, y tu sueño será grato. No tendrás temor de pavor repentino, ni de la ruina de los impíos cuando viniere, porque Jehová será tu confianza».[1]

Dios hace que comience su día de descanso con un buen sueño en la noche porque al dormir usted modela

Al dormir usted modela la postura que debería tener a lo largo del día de reposo…Salvo y seguro en los brazos de un Padre bueno, muy bueno.

la postura que debería tener a lo largo del día de reposo. Relajado. En paz. Confiado. Salvo y seguro en los brazos de un Padre bueno, muy bueno. David tenía en mente este estado de relajación cuando escribió:

«Señor, mi corazón no es orgulloso; mis ojos no son altivos. No me intereso en cuestiones demasiado grandes o impresionantes que no puedo asimilar. En cambio, me he calmado y aquietado, como un niño destetado que ya no llora por la leche de su madre. Sí, tal como un niño destetado es mi alma en mi interior».[2]

Un sueño "dulce" requiere confianza absoluta en Dios. ¿Ha tenido alguna vez problemas para dormir? ¿O se ha despertado en la noche con tantas cosas en su mente que no puede volver a dormir? A mí me ha pasado, y puedo decir por qué: no estaba confiando en Dios. En lo profundo de mi mente y mi corazón (mi alma), seguía creyendo que tenía que ocuparme de las cosas, encontrar soluciones a mis problemas.

Estoy casado con una mujer maravillosa que puede dormir en cualquier parte, en cualquier momento, en cualquier lugar, al instante. A veces, estamos tumbados en la cama charlando o leyendo y ella me dice: «Estoy un poco cansada. Me gustaría dormir».

«Eso es estupendo, cariño», le digo yo. «Te quiero. Nos vemos en la mañana».

Y antes de que haya terminado mi frase, oigo: «Zzz». *¿De veras? ¡Ella ya está dormida!* Una noche, ella estaba en la cama durmiendo, y yo estaba a su lado haciendo lo que pensaba que era lo *responsable*: preocupándome. Habíamos estado charlando sobre algunas decisiones financieras que enfrentábamos como pareja, y yo estaba un poco inquieto, porque ella ahora dormía plácidamente mientras yo pensaba que debería estar despierta preocupándose conmigo. Desde luego, en aquel momento no habría admitido la "preocupación". En mi mente, sencillamente yo era un solucionador de problemas responsable. Seguí dando vueltas y vueltas a las cosas en mi mente, buscando planes, ideas y soluciones. Hay una parte de mí (una parte orgullosa) que cree que puede encontrar un modo de arreglar todo lo que está roto o equivocado. Yo. Personalmente.

No creo que esté solo en eso. Todos constantemente nos contamos a nosotros mismos una historia en la cual somos el héroe.

Ahora bien, Debbie y yo somos una pareja tradicional cuando se trata de nuestros roles en el matrimonio. A lo largo de toda nuestra relación, Debbie se ha ocupado de la casa y yo me he ocupado de las finanzas. La razón para organizarnos de ese modo es que está en consonancia con los dones que Dios nos ha dado. Yo soy un hombre de números. Heredé eso de mi padre. Administrar el presupuesto y nuestros gastos me resulta algo natural; Debbie lo aborrecería. Sin embargo, conocemos a varias parejas en las que la esposa está más dotada y equipada en esa área y supervisa el presupuesto y los gastos. La responsabilidad debería seguir al don. Por eso en nuestra casa, la responsabilidad de las finanzas ha recaído siempre en mí.

Ella le dirá que no ha pasado ni un solo día preocupada por las finanzas. Por lo general no sabe dónde estamos financieramente, y no se debe a que yo no se lo diga, pues lo hago. No es que ella no sea inteligente. Como cualquiera que nos conoce testificará, ella es mucho más inteligente que yo. Sencillamente se debe a que ella no se ocupa de esa área; ni un poco. Se acercará una ofrenda especial en la iglesia, así que durante el desayuno yo le diré: "¿Cuánto crees que deberíamos dar?".

Ella dirá: "Um, ¡cincuenta mil!".

"¡¿Qué?!", respondo yo mientras limpio el café que se ha

derramado en la mesa del desayuno. "¿Realmente crees que tenemos tanto dinero?".

Ella dirá: "¡No tengo ni idea! Bien, ¿cinco mil? ¿Diez? Lo que sea. Haz lo que creas que el Señor quiere que hagamos. Confío en ti".

Así somos. Yo me he ocupado del dinero, de modo que ella está totalmente relajada al respecto.

Por lo tanto, aquella noche en particular yo estaba tumbado en la cama pensando mientras ella dormía. Me encontraba enojado porque claramente enfrentábamos una situación en la cual yo sentía que *ambos* deberíamos estar preocupados por el dinero. Pensaba para mí: "¿Cómo puede dormir tan plácidamente? Ya sé cómo. Ella puede dormir debido a *mí*. No tiene nada de lo que preocuparse porque tiene un esposo que se ocupa de ella. ¡Debe ser bonito!".

En ese momento escuché la familiar voz interior del Señor que preguntaba: "¿Por qué no puedes dormir, Robert?".

Aún sintiéndome un poco mártir, respondí: "Porque *yo* no tengo un esposo que se ocupe de *mí*".

En cuanto esas palabras se formaron y expresaron en mi mente, sentí que había entristecido profundamente el corazón del Padre. Él dijo: "¿De veras? ¿Puedo recordarte, Robert, que yo me ocupo de ti mejor de lo que tú te ocupas de ella? Mi Palabra dice que yo soy tu esposo, tú eres mi esposa. Si confiaras en mí como ella confía en ti, también tú podrías dormir".

Él tenía razón, desde luego. Yo estaba llevando cargas que no debía llevar. Estar despierto batallando con mis problemas y esforzándome por pensar en una solución desde mi propio cerebro diminuto y finito reveló una asombrosa ausencia de confianza en la fidelidad de Dios, y un olvido de su inmenso poder. Me arrepentí, entregué mis preocupaciones a un Padre fiel y poderoso que me ama más de lo que yo podría posiblemente imaginar, y me dispuse a dormir.

Si está teniendo dificultades para dormir, podría deberse a que no confía en que Dios se ocupa de usted. Su mente está demasiado ocupada trabajando en soluciones para todos sus problemas e imaginando maneras de alcanzar todas sus metas, lo cual me hace regresar a mi punto sobre que el día de reposo comienza con la noche. La misma postura y actitud que produ-cen una buena noche de sueño también producen un día de reposo verdaderamente relajante. En primer lugar y, sobre todo, requiere confianza en su Padre celestial.

> La misma postura y actitud que producen una buena noche de sueño también producen un día de reposo verdaderamente relajante.

Piénselo. ¿Qué evita que desconecte totalmente durante un día entero una vez por semana según el principio del día de reposo? ¿Qué pensamientos pasan por su mente mientras contempla hacer eso? Podría pensar: *Si tomo un día libre, ¡todo se desmoronará! Perderé todo mi ímpetu. Mis competidores me adelantarán*; o, *Sucederán cosas malas si no monitoreo todo vigilantemente*. Si es usted sincero consigo mismo, podría descubrir que simplemente no confía en que Dios está a la altura de la tarea de manejar las cosas mientras usted no está trabajando. Amigo mío, o Dios tiene el control o no lo tiene; o un Dios bueno está operando para su bien, o no lo hace. O Jesús es "Señor de todo" o usted lo es. ¿Cuál es el caso?

Recordemos cómo interpretó el autor de Hebreos la historia de los viajes de los israelitas por el desierto. Ellos no pudieron entrar en el reposo de Dios, la tierra prometida de abundancia y seguridad, debido a su incredulidad. Voy a darle otra palabra para incredulidad. Desconfianza. Ellos no confiaron en que Dios les daría la victoria si hacían las cosas a su manera. ¿Y qué de usted? ¿Confía en que Dios proveerá lo que necesita si usted acepta su modo de hacer las cosas? ¿Confía en que Dios le dará los deseos de su corazón? El hecho es que Dios se interesa profundamente por sus necesidades y sus deseos. Al mismo tiempo, la Palabra de Dios es muy clara acerca del hecho de que la preocupación y el afán no tienen un lugar apropiado en el corazón de un creyente. Por ejemplo, 1 Pedro 5:6-7 nos dice:

«Humillaos, pues, bajo la poderosa mano de Dios, para que él os exalte cuando fuere tiempo, echando toda vuestra ansiedad sobre él, porque él tiene cuidado de vosotros».

Observemos el papel de la humildad en el versículo anterior. Un importante obstáculo para entrar en el descanso del día de reposo es el orgullo. Hay algo en la naturaleza humana caída que quiere hacerlo todo por sí sola. Queremos poder decir, muy parecido a un orgulloso niño de seis años que acaba de dominar el arte de atarse los zapatos: "¡Hice esto yo solo!". No queremos sentirnos dependientes, y sin embargo *somos* dependientes. Esa es la realidad. Pablo dijo que en Dios "vivimos, y nos movemos, y somos"[3]. Jesús no pudo haberlo dejado más claro cuando dijo: "Yo soy la vid, vosotros los pámpanos; el que permanece en mí, y yo en él, éste lleva mucho fruto; porque separados de mí nada podéis hacer".[4] Cualquier cosa de valor permanente que usted hará jamás será hecho mediante su conexión directa con la vida de Dios por medio de su Hijo Jesucristo. Eso es lo que hace que nuestra negativa a confiar en Dios en cada área de nuestra vida, incluida nuestra vida laboral, sea tan errónea y trágica.

Entrar en las bendiciones del día de reposo significa reconocer humildemente nuestra necesidad de Dios *y* confiar en que Él ciertamente cuida de nosotros. Debido a que ambas cosas son ciertas, podemos dejar libremente nuestras preocupaciones sobre Él y recibir. Jesús dijo:

«No os afanéis, pues, diciendo: ¿Qué comeremos, o qué beberemos, o qué vestiremos? Porque los gentiles buscan todas estas cosas; pero vuestro Padre celestial sabe que tenéis necesidad de todas estas cosas. Mas buscad primeramente el reino de Dios y su justicia, y todas estas cosas os serán añadidas. Así que, no os afanéis por el día de mañana, porque el día de mañana traerá su afán. Basta a cada día su propio mal».[5]

Confíe. Crea. Duerma dulcemente. Descanse profundamente. Puede hacerlo porque el Dios que le ama es fiel, bueno y fuerte.

Confíe. Crea. Duerma dulcemente. Descanse profundamente.

Tres razones para descansar

Sucedió algo en 2016 que no había ocurrido en Estados Unidos en cien años. Entonces volvió a suceder en 2017.

Durante dos años seguidos, la esperanza de vida promedio en Estados Unidos disminuyó.[6] A lo largo de la mayor parte de nuestra historia, Estados Unidos ha disfrutado de esperanzas de vida promedio cada vez más elevadas. También hemos liderado al mundo en esperanza de longevidad. Ni siquiera las privaciones de la Gran Depresión o los horribles totales de víctimas de la Segunda Guerra Mundial pudieron hacer mella en el ascenso de las cifras de esperanza de vida en Estados Unidos. Pero ya no es así.

Sí, tras apenas dos siglos de aumentos constantes,[7] la esperanza de vida promedio de Estados Unidos cayó en 2016 y de nuevo en 2017, hasta 78,7 años: todo un año y medio más bajo que la de naciones como Reino Unido, Alemania, Canadá, Francia, México y Japón. Vamos por el camino equivocado.[8] ¿Qué causó este asombroso giro? Un reporte del *British Medical Journal* señala dos causas: una epidemia de adicción a los analgésicos opioides, y la "desesperación".[9] Es correcto. *Desesperación.* El autor del estudio consideró "alarmante" que la "adicción y el declive en el bienestar emocional de los estadounidenses han sido lo bastante importantes para arrastrar hacia abajo la duración de vida promedio del país".[10]

A mí también me resulta alarmante. Como he señalado, estamos sufriendo una epidemia de agotamiento en nuestra nación. Estamos corriendo hacia la muerte. Y no es solo agotamiento físico lo que nos está matando. Como revela este estudio, también estamos agotados emocionalmente y mentalmente. Cuando veo que medicamentos analgésicos y "desesperación" están realmente acortando nuestra esperanza de vida como pueblo, no puedo evitar pensar en el ruego de Jesús para que los cansados y agotados vayan a Él. ¿Qué prometió a quienes acudieran a Él?

¡Descanso para nuestras almas!

¿Ha trabajado alguna vez muchas horas, día tras día, durante semanas seguidas, sin ni siquiera detenerse a descansar? Como ya he confesado, yo lo he hecho. E invariablemente, al final me ponía enfermo. Mi sistema inmune se veía comprometido y yo terminaba en la cama por varios días. En efecto, mi cuerpo me estaba forzando a recuperar el descanso que le había estado robando. Dios va en serio con respecto al descanso porque va en serio con usted. Él le ama, y Él le diseñó.

El hecho es que hay tres razones clave por las que deberíamos confiar en Dios y aceptar un día de reposo separando un día cada semana, el día que mejor funcione para nosotros, para una recarga y renovación completas y totales. Examinemos ahora cada una de estas tres razones.

1. Un día de reposo da a Dios la oportunidad de proveer para nosotros sobrenaturalmente.

Vemos esto ilustrado claramente en los israelitas en el libro de Éxodo.

En el capítulo 16 de Éxodo encontramos el relato de cómo el Señor comenzó a sostener a su pueblo proveyendo maná en el desierto. Como quizá recuerde, con esta provisión milagrosa llegaron algunas instrucciones concretas. Cada mañana, cuando aparecía del cielo un manto fresco de comida en la tierra alrededor del campamento israelita, ellos debían recoger solamente lo suficiente para sostener a su familia ese día. Cualquiera que intentara guardar parte de la provisión de ese día descubría que se había podrido y tenía gusanos al día siguiente. Una lección que tenemos aquí es que Dios quiere que confiemos en Él y tengamos confianza en su capacidad de proveer. Intentar guardar parte del maná de ese día era un indicador claro de que una persona no confiaba en que Dios lo haría otra vez al día siguiente.

El mandato de recoger solamente la provisión de un día de maná sí presentaba un reto el viernes. Después de todo, los israelitas tenían prohibido trabajar o recoger en el día de reposo; y si recoger madera en el día de reposo suponía la pena de muerte, entonces recoger maná también habría estado descartado. Desde luego, eso no agarró por sorpresa a Dios:

«Y él les dijo: Esto es lo que ha dicho Jehová: Mañana es el santo día de reposo, el reposo consagrado a Jehová; lo que habéis de cocer, cocedlo hoy, y lo que habéis de cocinar, cocinadlo; y todo lo que os sobrare, guardadlo para mañana. Y ellos lo guardaron hasta la mañana, según lo que Moisés había mandado, y no se agusanó, ni hedió. Y dijo Moisés:

Comedlo hoy, porque hoy es día de reposo para Jehová; hoy no hallaréis en el campo. Seis días lo recogeréis; mas *el séptimo día es día de reposo; en él no se hallará»* (énfasis del autor).[11]

Si Dios hubiera provisto maná en el día de reposo, esencialmente habría estado invitando a su pueblo a quebrantar su propia ley. Dios nunca haría eso. En cambio, les dijo que recogieran la cantidad de dos días de maná el viernes, y entonces milagrosamente mantenía el maná fresco y nutritivo el segundo día. Aquí tenemos otra lección para usted y yo: no deberíamos esperar la ayuda sobrenatural de Dios si estamos trabajando siete días por semana. Si vamos a ignorar el día de reposo, no encontraremos ayuda milagrosa, provisión, favor, o aumento en ese séptimo día. Pero si honramos el principio del día de reposo, encontraremos ayuda milagrosa los otros seis días, ¡e incluso una doble porción de ayuda en el séptimo!

> Si honramos el principio del día de reposo, encontraremos ayuda milagrosa los otros seis días, ie incluso una doble porción de ayuda en el séptimo!

¿Y sabía que, aún después de que Dios les diera milagrosamente una doble porción el viernes, ellos salieron en el día de reposo para intentar recoger más? Tal como Dios les había dicho, no encontraron nada. Quebrantaron el mandamiento de Dios por nada. En el proceso, se excluyeron a sí mismos como avariciosos y desconfiados de Dios. No es sorprendente que a Dios no le pareciera divertido, y exhortó a Moisés a explicar sus instrucciones tan claramente que incluso una persona fría pudiera entenderlas:

«Y Jehová dijo a Moisés: ¿Hasta cuándo no querréis guardar mis mandamientos y mis leyes? Mirad que *Jehová os dio el día de reposo*, y por eso en el sexto día os da pan para dos días. Estése, pues, cada uno en su lugar, y nadie salga de él en el séptimo día» (énfasis del autor).[12]

Por favor, observemos las palabras en cursiva en el pasaje anterior: «Jehová os dio el día de reposo». Dios estaba enojado porque el día de reposo era su *regalo* para el pueblo y ellos se estaban negando a recibirlo. Dios estaba diciendo básicamente: "¡Tómense el día libre! ¡Por favor! ¡Yo voy a proveerles el doble el viernes para que así puedan descansar adecuadamente el día de reposo!".

Actualmente, honrar e integrar a la vida el principio del día de reposo le da a Dios una oportunidad de mostrarnos lo que Él puede hacer y hará por nosotros. Puedo decir por experiencia personal y por los testimonios de muchos creyentes que, si confía en Él desconectando por completo un día cada semana, descubrirá que Dios provee y bendice sobrenaturalmente los seis días restantes.

Permítame repetir una verdad clave. Es muy similar al modo en que funciona el diezmo. He descubierto que prefiero tener el noventa por ciento de mis ingresos con la bendición de Dios sobre ellos que el cien por ciento sin su bendición. Tener la bendición de Dios sobre mis finanzas y sobre las cosas materiales sobre las que ejercito mayordomía es muy poderoso. He oído decir a incontables personas: "No puedo permitirme diezmar". Y yo siempre respondo: "¡He aprendido que no puedo permitirme *no* diezmar!". Lo mismo es cierto con nuestro tiempo. Aceptar el principio de Dios del día de reposo desconectando durante un día invita su bendición sobrenatural sobre los seis días restantes. Dios puede lograr más en seis días que llevan su bendición sobrenatural de lo que usted puede lograr en siete sin ella.

¿Cuánto puede hacer Dios en seis días? Mire alrededor. Mire en una noche clara alejado de las luces de la ciudad. Este planeta extraordinario y el universo inimaginablemente vasto en el cual está colgado fueron creados por nuestro Padre celestial en seis días.

¿Cuánto puede hacer Dios en seis días?

Nunca dude de lo que puede hacer la bendición de Dios en sus seis días de trabajo.

Lo que es cierto para individuos también es cierto para negocios. La cadena de restaurantes Chick-fil-A desafía toda la sabiduría convencional de la industria de la comida rápida cerrando sus tiendas los domingos. Cerrar el domingo, el día en que muchas familias salen a comer fuera, es impensable para la mayoría de cadenas de comida. De hecho, para maximizar las ventas por tienda, muchas permanecen abiertas las veinticuatro horas del día. Fundada por una familia cristiana dirigida por un creyente nacido de nuevo, el difunto Truett Cathy, Chick-fil-A se ha negado rotundamente a abrir sus restaurantes los domingos. Así es como Chick-fil-A explica esa decisión en la página web de la empresa:

«Nuestro fundador, Truett Cathy, tomó la decisión de cerrar los domingos en 1946 cuando abrió su primer restaurante en Hapeville (Georgia). Tras haber trabajado siete días por semana en restaurantes abiertos las 24 horas, Truett vio la importancia de cerrar los domingos para que él y sus empleados pudieran apartar un día para descansar y adorar si así lo decidían, una práctica que mantenemos actualmente».

A pesar de lo que la industria de la restauración considera una desventaja, el crecimiento y el éxito de la empresa siguen asombrando al mundo empresarial. Un artículo en 2017 sobre la popular página web de negocios *Business Insider* lo expresaba de este modo:

«Chick-fil-A está dominando la comida rápida…La empresa genera más beneficio por restaurante que cualquier otra cadena de comida rápida en Estados Unidos, y está abierto solamente seis días por semana. Chick-fil-A tiene solamente 2100 restaurantes, y ninguno de sus restaurantes abre los domingos. Como comparación, McDonald's tiene más de 14 100 ubicaciones en Estados Unidos, Taco Bell tiene casi 6300, y KFC tiene más de 4160, la mayoría de los cuales abren siete días por semana. Sin embargo, Chick-fil-A genera más beneficios anuales que decenas de otras cadenas que tienen más del doble de ubicaciones, incluidos KFC, Pizza Hut, Domino's y Arby's».[13]

Así es. Incluso con muchos menos restaurantes, los restaurantes Chick-fil-A hacen mucho más negocio en seis días que la mayoría de sus competidores en siete. ¡Imagine eso! Una manera aún mejor de medir cuánto más productivas son las tiendas Chick-fil-A es que el resto de la industria ha de calcular las ventas anuales promedio por restaurante. Esto iguala el campo de juego con cadenas que tienen muchas más ubicaciones. El mismo artículo reportaba que, en 2016, las ventas promedio por restaurante para Chick-fil-A fueron de 4,4 millones de dólares. En comparación, su competidor más similar, KFC, generó 1,1 millones de dólares por restaurante en ese mismo periodo de tiempo.[14]

Eso supone exactamente cuatro veces más beneficios por tienda con un día menos por semana. Por favor, no intente convencerme de que seis días con la bendición de Dios en ellos no es mucho mejor que siete días de esfuerzo sin ella. Ya es demasiado tarde. ¡He visto los resultados!

Dios nos ruega: "¡Confía en mí! Observa lo que puedo hacer por medio de ti si aceptas mis principios y mis caminos". El día de reposo da a Dios una oportunidad de proveer para nosotros sobrenaturalmente. Pero eso no es todo.

2. El día de reposo nos da la oportunidad de descansar y ser renovados.

En el capítulo 31 de Éxodo encontramos una declaración notable con respecto al motivo para descansar en el día de reposo:

«Guardarán, pues, el día de reposo los hijos de Israel, celebrándolo por sus generaciones por pacto perpetuo. Señal es para siempre entre mí y los hijos de Israel; porque en seis días hizo Jehová los cielos y la tierra, y en el séptimo día cesó y reposó».[15]

Observemos en primer lugar que Dios declara que la observancia del día de reposo sea un "pacto perpetuo". *Perpetuo* significa que no tiene fecha de caducidad. Y pacto significa que el día de reposo no solo es un mandamiento pensado para ayudarles a prosperar como sociedad, sino también un indicador del acuerdo solemne que Dios está haciendo con los israelitas como pueblo. ¿Cuál es ese acuerdo? Si recuerdan su conexión conmigo y dependencia de mí observando el día de reposo, yo les ayudaré y bendeciré sobrenaturalmente. Esto explica la declaración siguiente de Dios sobre el día de reposo. Él dice que ha de ser "una señal" entre Él mismo y ellos para siempre. ¿Qué hacen las señales? Significan algo. El día de reposo semanal de los israelitas significaba su relación de pacto con Dios, no solo para ellos mismos sino también para las otras naciones del mundo. El día de reposo marcaba y separaba al pueblo de Dios. Sí, los israelitas llevaban otra señal de su pacto con Él, pero esa no era visible para el pueblo o para otras culturas: la circuncisión. ¡El día de reposo es una señal visible para todo el mundo!

Más importante, la fiel observancia del día de reposo servía como una señal para futuras generaciones de israelitas, generaciones que un día habitarían la tierra de la promesa y no habrían sido testigos de las maravillas de su liberación de Egipto ni habrían experimentado provisión milagrosa en el desierto. Esas generaciones necesitarían un recordatorio constante, una señal, de que tenían un pacto sagrado con Dios mediante el cual Él prometía ocuparse de ellos si ellos confiaban en Él. En algún punto en la vida de todo niño israelita, quizá en torno a la edad inquisitiva de cuatro o cinco años cuando casi todas las palabras que dice parecen ser "¿por qué?", él o ella les preguntaría a sus padres por qué siempre pasaban la tarde del viernes preparándose para no hacer nada durante veinticuatro horas; o el sábado: "¿Por qué no cocinas hoy, mamá?". Esto le daría a cada padre o madre una oportunidad de explicar su pacto con Dios y hablar sobre su fidelidad y poder. Sí, como Dios declara en este pasaje, el día de reposo había de ser una señal. Pero notemos qué más dice al respecto.

Es una señal que les indica de nuevo a Dios, y a sus seis días de actividad en la creación. Dios declara que el día de reposo ha de ser una señal entre Israel y Él para siempre. ¿Por qué?

«... porque en seis días hizo Jehová los cielos y la tierra, y en el séptimo día cesó y reposó».

Esa es una declaración bastante asombrosa. Siempre hemos oído que Dios "descansó" el séptimo día. Es desafiante meditar en el hecho de que Dios descansó. Sabemos que Dios no se cansa ni se agota. De hecho, Dios nos dice explícitamente en Isaías 40:28 que Él: "No desfallece, ni se fatiga con cansancio". Pero no es difícil entender que la palabra "reposo" aquí significa que Dios simplemente cesó su actividad de creación. Había terminado. Había estado activo durante seis días de creación, pero ahora todo lo que Él había planeado hacer estaba completo. Miró alrededor y declaró que era "bueno". Dios reposó, o cesó de crear, después de seis días.

Alguna versión de este pasaje en inglés expresa que Él reposó y fue "renovado". Si nuestro Dios omnipotente no se cansa ni desfallece, ¿en qué sentido podría ser Él renovado? Encontraremos la respuesta en la palabra hebrea que los traductores tradujeron como "renovado". Es la palabra *naphash*, y significa literalmente "inspirar" o "respirar hondo". En los otros dos lugares donde aparece esta palabra en el Antiguo Testamento se refiere a un lugar o momento en el cual los seres humanos pueden, en términos modernos, tomarse un respiro.

> *Naphash* se refiere a un lugar o momento en el cual los seres humanos pueden, en términos modernos, tomarse un respiro.

Dios nunca se queda sin aliento. Aun así, el uso de estas palabras tiene todo el sentido a la luz de lo que nos dice Génesis sobre el estallido de actividad creativa de Dios en los seis días. ¿Cómo creó Dios la luz, el mundo, y todo lo que el mundo contiene? Él *habló* para que existieran. Hablar implica exhalación, o respirar hacia afuera. Y cuando llegó el momento de crear a la humanidad a su propia imagen y semejanza, Génesis 2:7 nos dice: «Entonces Jehová Dios formó al hombre del polvo de la tierra, y sopló en su nariz aliento de vida, y fue el hombre un ser viviente».

Durante los seis días de creación Dios había estado exhalando. Ahora, el séptimo día, fue el momento de *naphash*: de inhalar.

Aquí está mi pregunta para usted: si Dios se renovó a sí mismo, ¿por qué no lo hace usted? Si el poderoso Creador de los cielos y la tierra pausó para inhalar, ¿por qué usted o yo pensaríamos que podemos librarnos sin seguir su ejemplo? No es ningún accidente que en el mismo momento en que Dios le recuerda a su pueblo que guarden el día de reposo, esté señalando a que Él hizo lo mismo. Y al hacerlo, Él fue renovado.

Ignorar el principio "perpetuo" del día de reposo le roba una oportunidad maravillosa de inspirar: de ser renovado.

En los hogares judíos observantes a lo largo de los siglos, un ritual en particular ha marcado el inicio del día de reposo. Poco antes de que se ponga el sol en el horizonte, se encienden dos velas. Estas dos velas representan las dos ocasiones en la Torá en las que Dios ordenó el día de reposo. La primera está en el capítulo 20 de Éxodo, donde Dios ordena al pueblo que "recuerde" el día de reposo. La segunda está en el capítulo 5 de Deuteronomio, donde el mandato es "observar" el día de reposo. Hay una lección para nosotros en esto. Es importante *recordar*; pero es incluso más importante *observar*.

Durante siglos, observar el día de reposo ha significado un día tranquilo y poco complicado de disfrutar de buena comida, charla, lectura, paseo y siesta. ¿Qué hay de malo en eso? ¿Qué hay de malo en no hacer nada un día por semana? ¡Nada, desde luego! Especialmente ya que Dios lo ordenó. Sin embargo, para muchos en el pueblo de Dios actualmente, emplear de ese modo un día entero cada semana es impensable; es escandaloso. Se sentirían demasiado culpables; no pueden imaginar no mirar el teléfono para ver si hay mensajes de texto o correos electrónicos cada seis o siete minutos. No pueden comprender no revisar constantemente las redes sociales para ver quién está comiendo qué en cuál restaurante, o saber aquello por lo que se supone que todos debemos indignarnos o desmayar en este momento.

Esta lentitud, tranquilidad y simplicidad son un *shock* para el sistema moderno; pero es un shock que todos necesitamos desesperadamente. Francamente, la falta de estas cosas nos está matando, lo cual nos lleva a la tercera razón poderosa para aceptar el principio del día de reposo.

3. Hay consecuencias cuando no descansamos.

¿Recuerda al hombre que perdió la vida por recoger madera en el día de reposo? Descubrieron a un hombre que recogía madera; no estaba matando a nadie, le recuerdo. No estaba sacrificando a uno de sus hijos al demonio Moloc. Estaba recogiendo leña. En Números 15 descubrimos: «Y los que le hallaron recogiendo leña, lo trajeron a Moisés y a Aarón, y a toda la congregación; y lo pusieron en la cárcel...».[16]

Observemos que el pueblo arrestó a un ciudadano; prendieron a este maníaco y "lo pusieron en la cárcel". Situaron a los mejores hombres duros armados fuera de la celda de este tipo. Claro que lo hicieron, ¡Él era un recogedor de leña! Mejor encerrar a este lunático, ¡no sea que se escape y recoja más leña aún!

Estoy bromeando, desde luego. Pero lo que le sucedió a este hombre no es ninguna broma. Lo llevaron ante Moisés. Moisés consultó al Señor, y el Señor decretó que el hombre debía ser muerto.[17] Si esto le parece demasiado duro, por favor permítame recordarle que todo el destino de la humanidad, el éxito del gran plan de Dios de deshacer las trágicas consecuencias de la rebelión de Adán, y los destinos eternos de cada persona que un día podría clamar al nombre del Señor y ser salva, dependían del éxito de la nación de Israel en sobrevivir otros quince siglos más. Si las tribus de Israel morían antes del cumplimiento del tiempo, no habría ninguna tribu de Judá. Y sin una tribu de Judá, no habría ningún Jesús nacido en Belén, un descendiente de David por parte de madre.

No podía haber más en juego. De nuevo, los mandamientos que

Dios dio al pueblo de Israel se trataban de mantenerlos intactos, sanos y exitosos como pueblo, para que "cuando vino el cumplimiento del tiempo, Dios envió a su Hijo, nacido de mujer y nacido bajo la ley, para que redimiese a los que estaban bajo la ley, a fin de que recibiésemos la adopción de hijos".[18]

> Los mandamientos que Dios dio al pueblo de Israel se trataban de mantenerlos intactos, sanos y exitosos como pueblo.

Es revelador observar qué mandamientos conllevaban la pena de muerte bajo la ley de Moisés. Solamente cuatro violaciones garantizaban el castigo más duro posible. Tres de ellas eran asesinato, adulterio y rebeldía crónica en los hijos. Así es, padres, ¡puede decirle a su hijo o hija adolescente recalcitrante que debería estar agradecido de vivir bajo el nuevo pacto! Cumplir cada uno de ellos era absolutamente vital para mantener fuerte y sana a la sociedad israelita. Ya sabe cuál era el cuarto que suponía la pena capital: profanar el día de reposo. Claramente, honrar un día semanal de descanso era un elemento clave y necesario en el plan de Dios de mantener al pueblo judío exitoso y próspero a lo largo de los siglos.

Si había consecuencias extremas por no observar el día de reposo bajo el viejo pacto, ¿debería sorprendernos que haya consecuencias negativas si lo hacemos en la actualidad? No estoy hablando de castigo divino. Hablo de experimentar los impactos naturales y negativos que Dios en su misericordia intentaba evitar que su pueblo experimentara desde el principio. La razón por la que Dios creó duros castigos por profanar el día de reposo bajo el viejo pacto era que, como nuestro Diseñador, Él sabía que no estábamos hechos para seguir sin parar siete días por semana, una semana tras otra. Nos desmoronamos; terminamos con los tanques físico, emocional, mental y espiritual vacíos. Eso sencillamente no es sostenible.

En un sentido, un estilo de vida de ignorar el principio del día de reposo ¡sigue conllevando la pena de muerte! Es suicidio lento.

Desenvolver el regalo

Pese a lo malo que es eso, hay aún otra consecuencia negativa de descuidar el principio del día de reposo. Como ya hemos visto, perdemos la bendición sobrenatural de Dios. Cuando damos un paso de fe y confianza, y desconectamos durante un día cada semana, activamos la provisión y el sostén celestial. Un Dios fiel responde a esa fe dándonos no solo gozo y renovación sobrenaturales ese día, sino también favor celestial y productividad empoderada por el Espíritu los otros seis días.

> Un Dios fiel responde a esa fe dándonos…favor celestial.

¡Qué regalo es el principio del día de reposo! Sin embargo, la inmensa mayoría del pueblo de Dios nunca lo desenvuelve. En cambio, van por la vida arrastrándose agotados en sus propias fuerzas y recursos que siempre disminuyen. Consiguen hacer solamente lo que su propia astucia y esfuerzo pueden lograr. Pierden citas divinas, favor sobrenatural y aumento milagroso. El giro inesperado es que los recursos físicos y mentales con los que cuentan están constantemente agotados y desgastados. Caminan con los tanques vacíos.

¿Quién en sus cabales escogería a sabiendas esa opción? ¿Quién preferiría emplear siete días por semana batallando pesadamente por sí mismo en lugar de tomarse un día libre por semana y disfrutar la ayuda del poderoso Creador del universo, a la vez que se siente más agudo, más fuerte y más sano mientras lo hace? Sin embargo, muchos en el pueblo de Dios escogen la primera opción, aparentemente porque pensamos que el cuarto mandamiento es el único que aún no contiene sabiduría para nosotros en el presente.

Sí, el día de reposo es un regalo. Es vida, no ley. Precisamente eso es lo que Jesús estaba comunicando cuando les dijo a los fariseos: "El día de reposo fue hecho por causa del hombre, y no el hombre por causa del día de reposo". El pueblo judío observante a lo largo de los milenios ha entendido esto. Hay un antiguo dicho judío que me encanta: "Más que Israel haya guardado el día de reposo, el día de reposo ha guardado a Israel".[19]

Dios le está implorando que se conceda a usted mismo el regalo del descanso un día cada semana. Confíe en Dios y concédase un gusto. Se asombrará por cuánto más puede lograr y cuánto más disfruta del viaje.

Notas

1. Proverbios 3:24-26
2. Salmos 131:1-2, NTV
3. Hechos 17:28
4. Juan 15:5
5. Mateo 6:31-34
6. Grace Donnelly, "Here's Why Life Expectancy in the U.S. Dropped Again This Year", *Fortune*, 2018, http://fortune.com/2018/02/09/us-life-expectancy -dropped-again/.
7. "Life Expectancy by Age, 1850–2011", Infoplease, consultado en línea el 25 de junio de 2019, https://www.infoplease.com/us/mortality/life-expectancy-age-1850-2011.
8. "Life Expectancy by Age".
9. Steven H. Woolf and Laudan Aron, "Failing Health of the United States", BMJ.com, 2018, https://www.bmj.com/content/360/bmj.k496.
10. Abby Haglage, "U.S. Life Expectancy Has Fallen Again. Here Are Three Reasons Why", Yahoo, 2018, https://sg.news.yahoo.com/u-s-life -expectancy-keeps-dropping-alcohol-blame-185004863.html.

11. Éxodo 6:23-26

12. Éxodo 16:28-29

13. Hayley Peterson, "Why Chick-fil-A's Restaurants Sell 4 Times as Much as KFC's", *Business Insider*, 2017, https://www.businessinsider.com/why-chick-fil-a-is-so-successful-2017-8.

14. Peterson, "Why Chick-Fil-A's Restaurants Sell 4 Times as Much as KFC's".

15. vv.16–17

16. vv. 33-34

17. Ver Éxodo 15:35-36

18. Gálatas 4:4-5

19. Tracey R. Rich, "Judaism 101: Shabbat", Jewfaq.Org, consultado en línea 25 de junio de 2019, http://www.jewfaq.org/shabbat.htm.

CAPÍTULO 6

LA ESCAPADA

Tomar tiempos sabáticos fue la mejor idea empresarial y quizá también la mejor idea creativa que he tenido nunca.
—Stefan Sagmeister (Artista de renombre mundial/diseñador)

¿Se interesa Dios más por la tierra que por nosotros? Esta es una pregunta seria que me gustaría que considerara por un momento. ¿Cree que Dios tiene menos consideración por nuestro bienestar y salud que por la tierra común?

Lo pregunto porque, como ya hemos visto, cuando Dios estaba creando las leyes y ordenanzas del pacto diseñadas específicamente para crear una sociedad israelita exitosa, puso en su lugar reglas muy concretas sobre darle a la tierra de cultivo todo un año de barbecho cada séptimo año. Eso es; por ley divina, la tierra debía tener un año de vacaciones tras seis años de trabajo duro y productivo. En el capítulo 25 de Levítico encontramos:

«Jehová habló a Moisés en el monte de Sinaí, diciendo: Habla a los hijos de Israel y diles: Cuando hayáis entrado en la tierra que yo os doy, la tierra guardará reposo para Jehová. Seis años sembrarás tu tierra, y seis años podarás tu viña y recogerás sus frutos. Pero el séptimo año la tierra tendrá descanso, reposo para Jehová; no sembrarás tu tierra, ni podarás tu viña. Lo que de suyo naciere en tu tierra segada, no lo segarás, y las uvas de tu viñedo no vendimiarás; *año de reposo será para la tierra* (énfasis del autor)».[1]

Ahí está, en negro sobre blanco. Dios decretó un "año de reposo para la tierra" cada séptimo año. Como todo granjero agrónomo nos dirá, la capa superior del suelo es una cosa viva; y todas las cosas vivas necesitan reposo. Dios se interesó lo suficiente por la tierra para asegurarse de que tuviera reposo periódico para así poder mantenerse saludable y productiva, década tras década, siglo tras siglo. En hebreo, este año sabático para la tierra se llamaba el *shmitá*. Y no solo se aplicaba a la tierra; también daba un respiro a todos los animales de granja. Si usted fuera un par de bueyes utilizados para arar o un burro que transportaba pesadas cargas de ida y regreso a los campos, también usted tenía un año libre.

Así que vuelvo a preguntar: ¿se interesa Dios más por la tierra y los burros que por nosotros? ¡Claro que no! Como Jesús recordó en una ocasión a sus discípulos, para Dios nosotros somos más valiosos que las aves del cielo o las flores del campo.[2] Dios ama a las personas; tanto, que sacrificó a su único Hijo para que usted y yo pudiéramos volver a tener una relación con Él y disfrutar de conexión con Él para siempre jamás. Sí, Dios se interesa por los animales y las flores. Él es así de bueno y así de amoroso, pero se interesa infinitamente más por nosotros. El hecho es que el día de reposo y las leyes *shmitá* son expresiones de esa bondad y amor. Él no intenta hacer que las cosas sean más difíciles para su pueblo; ¡está intentando ayudarnos!

De hecho, Dios lo deja muy claro en medio de dar a su pueblo escogido el mandamiento *shmitá*. Él dijo: «Ejecutad, pues, mis estatutos y guardad mis ordenanzas, y ponedlos por obra, y habitaréis en la tierra seguros; *y la tierra dará su fruto, y comeréis hasta saciaros, y habitaréis en ella con seguridad*»[3] (énfasis del autor). La obediencia resultará en bendición. Hacer las cosas a la manera de Dios produce siempre buenos resultados. Observemos que el resultado de la obediencia aquí era abundancia y seguridad. Él le dice a su pueblo que comerán hasta saciarse y que habitarán con seguridad.

> El resultado de la obediencia aquí era abundancia y seguridad.

Al mismo tiempo, todo lo que hacemos con Dios, en Dios, para Dios y por medio de Dios requiere fe. Dios lo diseñó de ese modo desde el principio. Para Adán y Eva, dejar a un lado ese árbol prohibido era una prueba de fe y confianza en Dios. Como sabemos, es una prueba que no pasaron. Como he señalado repetidamente, guardar el día de reposo requiere también fe; por lo tanto, no debería sorprendernos que obedecer el mandamiento de dejar reposar la tierra durante un año cada séptimo año requiriera también confianza en Dios. Dios reconoció esto, porque abordó el asunto justo después de haber dado las instrucciones *shmitá*. Nuestro Padre celestial anticipó las preocupaciones y temores que ellos tenían sobre no plantar, cultivar y cosechar durante todo un año. Inmediatamente después de asegurarles que experimentarían provisión y protección *si* obedecían, Él siguió diciendo:

> «Y si dijereis: ¿Qué comeremos el séptimo año? He aquí no hemos de sembrar, ni hemos de recoger nuestros frutos; entonces yo os enviaré mi bendición el sexto año, y ella hará que haya fruto por tres años».[4]

Dios sabía que el pueblo de Israel estaría preocupado por cómo vivirían si dejaban de cultivar totalmente durante todo un año. No plantar, cultivar ni cosechar durante un año entero tenía múltiples implicaciones. No solo no tendrían comida durante ese año *shmitá*, sino que tampoco tendrían comida durante gran parte del año siguiente porque se necesita tiempo para plantar, cultivar y obtener una cosecha. Dios reconoció eso y les hizo una promesa extraordinaria. Les aseguró que en el sexto año de cada ciclo Él los bendeciría con una cosecha suficiente para durar tres años, suficiente para suplir sus necesidades en el sexto año, y quedaría suficiente para que pudieran pasar el séptimo año *shmitá* y llegar al año uno del ciclo siguiente, hasta que pudieran recoger la nueva cosecha. ¡Una bendición de triple abundancia!

Sin embargo, todas estas instrucciones y promesas eran solamente hipotéticas mientras las tribus israelitas estuvieron acampadas en el desierto al este del río Jordán. Solamente después de cruzar el río y establecerse en la tierra de la promesa sería probada su fidelidad a estos mandamientos. Solamente entonces Dios tendría una oportunidad de responder a su confiada obediencia derramando bendición sobrenatural.

Shmitá o no shmitá, esa es la cuestión

Imaginemos por un momento dos hogares entre los cientos de miles de familias israelitas que entraron en la tierra de la promesa con Josué dirigiendo el camino. Vamos a llamarlos la familia Smith y la familia Jones. Supongamos también que nuestras dos familias imaginarias eran de la tribu de Zabulón. Cuando las doce tribus echaron suertes para determinar qué parte de Canaán conquistaría cada tribu, la tribu de Zabulón supo que estaría echando raíces en la parte noreste de Canaán, en la zona justo al occidente del gran lago que algún día sería llamado el Mar de Galilea. Los granjeros entre la tribu de Zabulón debieron emocionarse por esta noticia. Se les había asignado la parte más verde, más fértil y mejor regada en toda Canaán. Era verdaderamente una tierra que fluía leche y miel. Y, por lo tanto, los Smith y los Jones se asentaron en el corazón de lo que ahora se llama el Valle de Beit Netofa: el granero de la Israel moderna. El terreno plano del valle es ideal para cultivar granos como la cebada; y las colinas circundantes son perfectas para cultivar olivos, almendros, higueras y uvas.

Tanto los Smith como los Jones establecieron granjas en grandes extensiones en la zona. Ambas familias pasaron los primeros años aprendiendo a hacer que la tierra fuera productiva, cómo se desarrollaban las estaciones en esta nueva tierra, y qué era mejor plantar en cada parte concreta del año. Al final de su sexto año en la tierra, tanto los Smith como los Jones experimentaron la más estupenda temporada de cosecha. Parecía que cada árbol, viñedo y tallo en la propiedad estaban tan cargados de fruto que podrían colapsar bajo el peso. Sus graneros rebosaban literalmente de abundancia.

En este punto, las historias de los Smith y los Jones toman caminos separados. Cuando se acercaba el final del sexto año en la tierra y se acercaba su séptimo año, ambos enfrentaron una decisión importante: obedecer o no las instrucciones de Dios de dar a la tierra un año de reposo.

El cabeza del clan de los Smith veía la espectacular cosecha del sexto año principalmente como el producto de su duro trabajo y astuta capacidad agrícola. Este nivel de abundancia, suponía, era su "nueva normalidad". Pensaba: "¡Ya tengo dominado esto de la agricultura! Si lo logré este año, puedo hacerlo cada año". La abundante cosecha no solo le dio lo suficiente para su familia durante el año, sino también abundancia de sobras para vender en los mercados de las otras once tribus. En otras palabras, el Sr. Smith vio una oportunidad de oro para aumentar su riqueza. Desde luego, vender el superávit significaba que tendría que volver a plantar el año siguiente: el séptimo año. ¿Y por qué no iba a hacerlo? ¡Sin duda, él era un maestro granjero! Él estaba haciendo que pareciera fácil.

El Sr. Jones, por otro lado, vio la asombrosa abundancia del sexto año como lo que era realmente: el cumplimiento sobrenatural de la promesa de Dios de proveer provisión para tres años en un solo año. Con eso a la vista, guardó y preservó su superávit, sabiendo que iba a permitir que la tierra disfrutara de un *shmitá* bien merecido al año siguiente. Ese año de reposo para la tierra era también un descanso para la familia Jones. Había mucho menos que hacer y, por lo tanto, ellos podrían renovarse, recuperarse, y unirse más. Cuando las uvas, higos, almendras y otros frutos maduraron, él invitó a los pobres de la zona a acudir y agarrar provisiones de lo que pudieran recoger y llevarse. Dios también había indicado esto al dar su mandamiento del *shmitá*, pero aun así era una buena sensación ayudar a personas que estaban batallando. Y al ser misericordioso con los pobres, el Sr. Jones invitó aún más las bendiciones de Dios sobre él y su familia. El resto de la cosecha de ese año simplemente cayó al suelo, enriqueciendo y fertilizando el terreno. Los animales pastaban libremente en los campos, fertilizando más aún la tierra.

Un año después, el Sr. Smith quedó decepcionado al ver que la abundancia del sexto año no era su nueva normalidad, después de todo. Sus tierras produjeron mucho menos de lo que dieron el séptimo año. Necesitaba todo lo que cosechaba, de modo que no quedaba nada para los pobres. Como contraste, los campos, huertos de frutales y viñas del Sr. Jones dieron abundantemente tras su año de reposo.

Avancemos cincuenta años en el futuro: los hijos y nietos de

Smith y Jones dirigen ahora sus respectivas granjas; pero las tierras de la granja Smith están mermadas, agotadas de todos los nutrientes y minerales. Sus cosechas han estado disminuyendo durante décadas. Mientras tanto, han visto al clan Jones continuar obteniendo cosechas abundantes año tras año; y los han visto dejar repetidamente que frutos, granos y verduras en perfecto estado se pudran en los tallos cada séptimo año.

Dos familias. Dos decisiones distintas. Dos resultados diferentes. En esencia, la decisión fue avaricia o gracia. El Sr. Smith escogió la avaricia. Olvidó precisamente lo que Moisés les había implorado que recordaran cuando entraran en la tierra de la promesa:

«Cuídate de no olvidarte de Jehová tu Dios, para cumplir sus mandamientos, sus decretos y sus estatutos que yo te ordeno hoy; no suceda que comas y te sacies, y edifiques buenas casas en que habites, y tus vacas y tus ovejas se aumenten, y la plata y el oro se te multipliquen, y todo lo que tuvieres se aumente; y se enorgullezca tu corazón, y te olvides de Jehová tu Dios, que te sacó de tierra de Egipto, de casa de servidumbre; que te hizo caminar por un desierto grande y espantoso, lleno de serpientes ardientes, y de escorpiones, y de sed, donde no había agua, y él te sacó agua de la roca del pedernal; que te sustentó con maná en el desierto, comida que tus padres no habían conocido, afligiéndote y probándote, para a la postre hacerte bien; y digas en tu corazón: Mi poder y la fuerza de mi mano me han traído esta riqueza. Sino acuérdate de Jehová tu Dios, porque él te da el poder para hacer las riquezas, a fin de confirmar su pacto que juró a tus padres, como en este día».[5]

El Sr. Jones escogió la gracia. Decidió confiar en la bondad y fidelidad de Dios y, como resultado, experimentó favor abundante manifestado en bendición sobrenatural, abundancia sostenida, y buena salud.

Ya hemos visto que el principio del día de reposo sigue conteniendo sabiduría para usted y para mí hoy día. No de modo legalista, sino de un modo que imparte vida y bendición. Por lo tanto, ¿hay también integrado en la ley del *shmitá* del viejo pacto un principio para que nosotros, personas modernas, lo apliquemos? ¿Incluso si no somos granjeros? Yo así lo creo. Exploremos esa pregunta.

> El principio del día de reposo sigue conteniendo sabiduría para usted y para mí hoy día.

El poder de un año sabático

Sin ninguna duda, descansar un día de cada siete es algo poderoso e importante; pero hay otro paso que dar si queremos incorporar toda la sabiduría de Dios con respecto al descanso. Verá, Dios dio a Israel el día de reposo *y también* el *shmitá*. Hay un lugar para ambas cosas en nuestras vidas en el presente.

La antigua práctica bíblica de dejar reposar la tierra cada séptimo año tiene un eco que ha estado en su lugar en nuestra cultura por mucho tiempo. Quizá haya oído a un amigo o conocido, quizá alguien en el campo académico, hablar de tomar un año sabático.

Sin duda observó que la palabra se parece mucho a la palabra *sabbat*, y por una buena razón. La palabra "sabático" tiene sus raíces en la palabra hebrea *shabbat*, y en algún lugar en el camino fue transliterada a la palabra latina *sabbaticus* y la palabra griega *sabbatikos*, refiriéndose todas ellas a tomar un descanso extenso. Eso es:

nuestro concepto actual de un tiempo sabático tiene sus raíces en la práctica bíblica del *shmitá*.

Pocas personas en la actualidad pueden permitirse tomarse todo un año libre, o al menos suponen que no pueden hacerlo. Los dueños de negocios y los contratistas autónomos son especialmente propensos a suponer que incluso la idea de tomarse todo un año libre cada séptimo año es una locura.

Eso es ciertamente lo que pensó Stefan Sagmeister, hasta que se lanzó y lo probó. En la década de los años noventa, Sagmeister, un dotado artista y diseñador gráfico, se encontraba trabajando en una de las casas de diseño más bonitas de Ciudad de Nueva York. Era bastante conocido como artista moderno y también por diseñar cubiertas para álbumes y pósteres de conciertos para algunos de los nombres más grandes en la música. Cada vez con mayor demanda, produjo en masa una notable cantidad de trabajo año tras año; pero en 1999 sintió que se estaba quedando atascado creativamente. Comenzó a sentir que estaba renovando las mismas ideas en diferentes formas en lugar de pensar en conceptos verdaderamente innovadores. Por lo tanto, en 2001 hizo algo impensable para la mayoría de las personas que trabajan por cuenta propia. Tras economizar y ahorrar dinero durante algunos meses, cerró su empresa durante un año entero. Sencillamente echó el cierre y se dirigió al sureste de Asia para estar por allí durante un año.

Sagmeister habla sobre esa decisión en una popular charla TED Talks, titulada "El poder del tiempo libre". En ella admite preguntarse en el momento si estaba tomando una decisión de negocios catastrófica. Se preguntaba si todos sus clientes regulares encontrarían a otra persona mientras él estaba fuera. Se preguntaba si el mundo del diseño se olvidaría de él y seguiría adelante. Temía poder perder todo el progreso y el impulso hacia adelante por el que había trabajado tan duro durante años para construir. Sin embargo, temía aún más a otra cosa; tenía temor a continuar haciendo trabajo del que no se sentía orgulloso. Por lo tanto, hizo saber a sus clientes y sus socios que iba a cerrar el negocio durante un año, y así lo hizo.

Lo que Sagmeister experimentó parece casi milagroso. El cambio de escenario y el descanso lo vigorizaron. Llevaba consigo papel y pluma constantemente, y se encontró cosechando ideas por todas partes. La experiencia fue transformadora. Cuando regresó a su negocio, estaba lleno de creatividad y pasión por su trabajo. Todos sus clientes regresaron en tropel, y él produjo un trabajo mejor que nunca antes. De hecho, poco después de regresar ganó un premio Grammy por su diseño de un recopilatorio de música de Talking Heads, y ganó un premio nacional de diseño ese mismo año. Cerca del final de su charla TED, Sagmeister enumera los efectos positivos de su primer año sabático:

- Mi trabajo volvió a convertirse en mi llamado
- Fue muy agradable
- A largo plazo fue financieramente exitoso
- Todo lo que diseñamos en los siete años después de aquel primer sabático se había originado en ese año[6]

Sagmeister no es, hasta donde yo sé, ni judío ni cristiano; sin embargo, al atreverse a tomar un año entero sabático, activó intuitivamente un antiguo principio de sabiduría de la Palabra de Dios: el principio del *shmitá*. Es una práctica que él continúa hasta la fecha. Cada séptimo año cierra todo y establece su residencia en algún rincón nuevo del mundo para descansar, recargar y renovarse. En 2014 le dijo a un entrevistador: "Tomar tiempos sabáticos fue la mejor idea empresarial y quizá la mejor idea creativa que he tenido nunca".[7] El hecho es que los principios de sabiduría de Dios funcionarán para cualquiera, incluso para personas que no creen en Él. Pero lo que los incrédulos se pierden es el elemento adicional del poder y la provisión sobrenatural de Dios.

> Los principios de sabiduría de Dios funcionarán para cualquiera, incluso para personas que no creen en Él.

Ahora puedo oírle pensando: *¿Lo dice en serio, Morris? Aún estaba intentando asimilar en mi mente el desconectar totalmente durante un día entero cada semana, ¡¿y ahora me está diciendo que necesito tomar todo un año libre cada siete años?!*

En realidad, no. Le aliviará saber que eso *no* es lo que le estoy diciendo (aunque si pudiera hacerlo, no tengo ninguna duda de que le daría dividendos incluso más grandes de los que experimentó Stefan Sagmeister debido al poder y la bendición sobrenatural de Dios).

Claramente, muy pocos de nosotros podemos tomarnos libre de todo un año. Quienes tenemos obligaciones familiares, empleados o patrones, y eso supone que la mayoría de nosotros sencillamente no podemos cerrarlo todo durante un año. Por lo tanto, ¿cómo *podemos* usted y yo incorporar tiempos sabáticos en nuestras vidas aquí en el siglo XXI? Esta es la buena noticia: ¡es posible!

Más que unas vacaciones

Comencemos recordándonos a nosotros mismos que estamos aplicando aquí un principio y no una ley. El principio *shmitá* es que los descansos periódicos extensos de ser "productivos" pueden tener un potente efecto restaurador sobre el cuerpo, el alma y el espíritu, igual que un periodo de reposo puede restaurar el terreno de una granja. Recordará que cuando mis años de ignorar el principio del día de reposo finalmente me alcanzaron, un tiempo sabático de ocho semanas pudo enderezarme.

Tras mi tiempo sabático restaurador, instituimos una política de tiempo sabático para el equipo pastoral en la Gateway Church. Cada siete años, a nuestros pastores se les otorga un tiempo sabático de seis semanas remuneradas en el cual se les insta fuertemente a desconectar por completo del ministerio y hacer cualquier cosa que les haga renovar y recargar. Repito que sé que no todos pueden manejar un periodo continuado de seis semanas a alejados del trabajo, pero incluso una o dos semanas extra de descanso extenso y desconectado cada pocos años puede hacer maravillas.

Por favor, entiéndalo. No estoy hablando simplemente de tomar unas vacaciones. Francamente, con el modo en que muchas personas hacen las vacaciones, terminan más agotadas que si se hubieran quedado trabajando. ¿Cuántas veces ha escuchado decir a alguien: "Necesito unas vacaciones para recuperarme de mis vacaciones"? Quizá se ha dicho eso a usted mismo.

Como estamos a punto de descubrir, un tiempo sabático es a la vez más y menos que unas vacaciones; sin embargo, unas vacaciones, aunque sean agotadoras, son al menos un cambio de aires. Muchos de nosotros ya ni siquiera nos tomamos unas vacaciones. En mayores números y hasta un grado más elevado, los estadounidenses estamos tan impulsados y desesperados por tener éxito que no utilizamos días de vacaciones remunerados. Es cierto.

Un estudio dirigido por la Asociación Americana de Viajes para una iniciativa llamada Proyecto: Tiempo Libre calculó que los negocios y otras organizaciones en Estados Unidos acumulaban un total de 224 mil millones de dólares en tiempo libre remunerado, pero no utilizado. Y que cuando el calendario cambió del año 2014 al 2015, los empleados habían acumulado más de 65,6 mil millones de dólares en tiempos de vacaciones acumulados, pero no utilizados.[8] Ese estudio revelaba estadísticas incluso más asombrosas:

«Desde 2000 hasta 2013 el empleado promedio ha reducido regularmente la cantidad de tiempo vacacional tomado, desde 20,9 días al año hasta solo 16 (en otros países se otorgan cada año hasta 41 días libres). Como resultado, muchos empleados terminan con una cantidad considerable de vacaciones acumuladas y no utilizadas. La situación es peor en empresas de tamaño medio que tienen de 100 a 499 empleados, donde la cifra por empleado es de 7,6 días».[9]

A primera vista, esta tendencia (empleados que no toman el tiempo de vacaciones remunerado) puede parecer una ganancia para el negocio que les da empleo, pero no lo es. Cada vez más empresas se están dando cuenta de que tener una fuerza laboral agotada, estresada, cansada, mentalmente confusa y emocionalmente frágil no es exactamente algo estupendo para la productividad y la eficacia. Por ejemplo, un reporte especial de la Asociación Americana de Viajes titulado "América con menos vacaciones: Una mirada estado por estado al tiempo libre" descubrió que los trabajadores que utilizan la mayoría de sus días de vacaciones para viajar son significativamente más felices que quienes viajan menos o no viajan nunca. Los estadounidenses que toman todos o la mayoría de sus días de vacaciones para viajar reportan ser un veinte por ciento más felices con sus relaciones personales y un cincuenta y seis por ciento más felices con su salud y bienestar que aquellos que viajan utilizando poco o nada de su tiempo de vacaciones.[10]

¿Cuán desequilibrados estamos como cultura cuando muchos de

nosotros no queremos quedarnos en casa aun cuando nos pagarán por hacerlo? Incluso si tomamos un descanso del trabajo durante una semana aproximadamente, la mayoría de nosotros nos seguimos sintiendo impulsados a mirar constantemente el correo electrónico y monitorear los desarrollos, aunque no sea por otra razón sino la de evitar quedarnos desesperanzadamente atrasados cuando regresemos. Pero repito: vacaciones no son la respuesta. Necesitamos días de reposo (*sabbat*) y tiempos sabáticos (*shmitá*). Y un tiempo sabático es algo más que unas vacaciones; es realmente una serie de días de reposo encadenados. Un tiempo sabático es un periodo extenso de tranquilidad, quietud, descanso, reflexión, oración y comunión con Dios y su Palabra. Es un conjunto de días en los cuales no hacemos prácticamente nada, y lo hacemos a la vez con intencionalidad y expectativa.

> Un tiempo sabático es un periodo extenso de tranquilidad, quietud, descanso, reflexión, oración y comunión.

El tiempo sabático modificado

En la década de los ochenta, cuando Microsoft estaba comenzando a emerger como gigante tecnológico global, el fundador de la empresa, director general y presidente, Bill Gates, descubrió el poder de alejarse y estar a solas durante una semana en un lugar remoto una vez al año. Gates se retiraba anualmente a una diminuta cabaña en una isla casi deshabitada por completo en la costa del estado de Washington accesible solamente por hidroavión. Aquellas semanas se convirtieron en tiempos vitales para alejarse del constante ciclón de reuniones, decisiones y detalles diarios, y mirar el cuadro general.

Era un tiempo para pensar profundamente y leer extensamente. Él y su equipo ejecutivo comenzaron a denominar aquellas escapadas anuales su "semana de pensar". Un autor destacaba:

«Durante una famosa semana de pensar en 1995, Gates entendió la importancia del Internet para el negocio futuro de Microsoft; regresó de otra semana de pensar decidido a llevar Microsoft a buscadores web, tabletas y juegos en línea. Como resultado, la semana de pensar de Gates ha sido imitada desde entonces por ejecutivos de Microsoft y de varias empresas de Silicon Valley».[11]

De nuevo, Bill Gates y otros se han tropezado con un principio espiritual que funciona. Pero los tiempos sabáticos son mucho más poderosos cuando añadimos el elemento del Espíritu de Dios a la ecuación. Eso es exactamente lo que comenzó a hacer hace años atrás uno de los hombres de negocios cristiano más exitoso que haya conocido jamás. De hecho, él dirá que sus tiempos sabáticos regulares son una razón importante por la que fue tan exitoso en los negocios.

Estoy hablando de Steve Dulin, quien también resulta ser un buen amigo mío y uno de los ancianos fundadores de la Gateway Church. Steve fundó una empresa de construcción comercial y la vio crecer a un ritmo asombroso a lo largo de dos décadas. Su empresa fue muy exitosa según cualquier estándar de medición. A medida que crecía, él comenzó a aceptar invitaciones para hablar a grupos de emprendedores cristianos y dueños de negocios sobre cómo hacer crecer sus negocios a la manera de Dios. Con el tiempo, se convirtió en un ministerio totalmente desarrollado. La misión de ese ministerio es "…formar líderes y personas de negocios para aplicar eficazmente principios bíblicos demostrados a cualquier área de sus vidas y negocios para así poder lograr las mayores medidas de éxito e impactar el mundo para Cristo".[12]

Hace unos años atrás, él sintió que Dios le decía que vendiera su negocio y pasara al ministerio a tiempo completo. Ahora bien, compartí historias relacionadas con la mayordomía acerca de Steve y su esposa Melody en *Una vida de bendición* y *Más allá de toda bendición*. Lo que nunca he compartido es que uno de sus secretos más poderosos para tomar sabias decisiones de negocios es el tiempo sabático.

Steve es un defensor apasionado y persuasivo de tomarse tiempos regulares de una semana para estar a solas, lejos de las demandas y distracciones de la vida laboral diaria. Lo que él defiende no es muy distinto a la "semana de pensar" de Bill Gates, pero integra el factor espiritual infinitamente más poderoso de la presencia de Dios.

El testimonio de Steve es que cuando descubrió el poder de un tiempo sabático, comenzó a planificar al menos uno y a veces varios de ellos en su calendario anual. Comenzó a ver esos tiempos como lo más importante que hacía tanto para su negocio como su familia. Reservaba una cabaña en una zona remota y aislada con espacio para caminar. No quería ver ni escuchar a otro ser humano. Las únicas voces que quería oír durante toda una semana eran la suya propia y la de Dios. Nada de televisión. Nada de teléfono. Nada de tecnología.

> Las únicas voces que quería oír durante toda una semana eran la suya propia y la de Dios.

Steve le dirá que sus mejores ideas, su visión más clara, su discernimiento más vital, y sus decisiones más sabias salieron invariablemente de esos periodos sabáticos con Dios. Ahora Steve comparte libremente su secreto con otros. Incluido aquí con su permiso tenemos sus dieciocho claves para experimentar un tiempo sabático exitoso:

1. Comience a prepararse para el tiempo sabático aproximadamente con una semana de antelación. Comience a ralentizar conscientemente su mente y sus pensamientos para así estar preparado para enfocarse en el Señor en lugar de hacerlo en el trabajo, proyectos, problemas, etc.

2. Lleve cantidad de papel, plumas, lápices o rotuladores.

3. Intente hacer cierto tipo de ayuno durante el tiempo sabático. El ayuno hace que su espíritu sea más sensible al Señor. Si es posible, comience a ayunar el día antes de su tiempo sabático como parte de su preparación.

4. Lleve ropa caliente. El ayuno tiende a hacerle sentir más frío de lo normal.

5. Beba mucha cantidad de agua pura para eliminar cualquier toxina producida por el ayuno.

6. Al comenzar su tiempo sabático, ore por su habitación y dedique ese tiempo sabático al Señor. Pida al Señor que intervenga y pida al Espíritu Santo que llene la habitación.

7. Intente mantener su enfoque en el Señor. Yo evito periódicos, revistas y televisión. Está bien llevar algunos libros, pero normalmente es mejor mantenerlos al mínimo. Es fácil involucrarse en la lectura de un libro y "perder" mucho tiempo.

8. Use este tiempo para edificar su relación con Dios. Puede ser beneficioso leer libros escritos por personas que están más avanzadas en su relación con el Señor de lo que estamos nosotros, de modo que podemos aprender de ellos cómo acercarnos más al Señor. Una vez más, yo mantengo esto en un mínimo.

9. No comience el tiempo sabático con una agenda establecida. Ore para que se lleve a cabo la agenda de Dios. El propósito no es obtener algo de Dios, sino pasar tiempo con Él.

10. Este no es normalmente el mejor momento para hacer un estudio bíblico profundo sobre un tema concreto. Puede consumir mucho tiempo y distraerle de pasar tiempo con Dios y escuchar de Él.

11. Mantenga en mínimos el contacto exterior. Yo consulto con mi familia una vez cada dos o tres días y evito conversaciones con el exterior.

12. Es bueno salir de su habitación periódicamente. A mí me gusta dar un paseo tranquilo una vez al día y algunas veces caminar en la noche. No hay nada de malo en realizar una actividad que aleje su mente del tiempo sabático mientras sea durante un tiempo breve.

13. Cree una lista vacía de quehaceres al inicio del tiempo sabático. Siempre que piense en una tarea que tiene que hacer en el trabajo, en casa, etc., anótela inmediatamente en esta lista para no tener que pasar tiempo pensando en eso o intentando recordarlo.

14. Pregunte al Señor si hay áreas concretas en las que Él quiere que se enfoque durante el tiempo sabático. Yo normalmente comienzo ese tiempo pidiendo al Señor que me revele cualquier pecado en mi vida del que no sea consciente.

15. Lleve o cree una lista de oración con necesidades concretas en su vida y en las vidas de otras personas para así poder orar por ellas. Yo dejo espacio para anotar cualquier cosa que el Señor me hable sobre personas y sus necesidades.

16. Para propósitos de organización, yo normalmente enumero en hojas de papel separadas cualquier tema en mi vida que

sienta que el Señor quiere abordar (por ejemplo, ministerio, relaciones, familia, quehaceres, trabajo, etc.). Pongo esas hojas en zonas diferentes de un archivador de modo que cada tema sea fácil de encontrar cuando necesite anotar cosas que el Señor me esté diciendo. También tengo un tema general titulado "(Año) sabático" donde puedo anotar cualquier cosa que el Señor diga y que no esté bajo un tema concreto.

17. Pregunte al Señor que quiere hacer Él en el año siguiente y después utilice los resultados de su tiempo sabático como guía para mantenerse en rumbo hasta su próximo tiempo sabático.

18. No se esfuerce por escuchar al Señor. Someta su voluntad a la de Él y pídale que le hable y que le guíe y dirija. Pídale que le dé revelación a medida que lee la Palabra. El Señor quiere hablarle más de lo que usted quiere oír de Él.

Un tiempo sabático para su relación más importante

Otro miembro clave del equipo de liderazgo de Gateway ha defendido por mucho tiempo una variación especial del clásico sabático. Uno de nuestros ancianos fundadores, el fundador del ministerio matrimonial global MarriageToday, Jimmy Evans, recomienda que las parejas casadas tomen juntos un tiempo sabático periódicamente para hacer gran parte del mismo tipo de cosas.

Jimmy sabe y enseña que las parejas tienen relaciones mucho más fuertes y construyen familias más sanas y más exitosas cuando tienen una visión compartida y escuchan juntos de parte de Dios. Y la mejor manera de hacer eso es tomar periódicamente lo que él llama un "retiro de visión": un tiempo sabático para parejas. Jimmy ha escrito: «Tras muchos años de invertir tiempo en un retiro de visión anual, Karen y yo podemos decir que es una de las cosas más poderosas y productivas que puede usted hacer por su matrimonio y su familia».[13] MarriageToday produjo un manual para ayudar a las parejas a prepararse para un retiro de visión y aprovecharlo al máximo. Alienta a las parejas a considerar incluir muchos de los elementos siguientes en un retiro:

- Oración (oren juntos y el uno por el otro).
- Estudio bíblico (usen un devocionario o realicen juntos un estudio).
- Diario (anoten lo que oigan que Dios les está diciendo como pareja).
- Diversión (hagan cosas que les gusten a ambos).
- Romance (sean intencionales sobre avivar el fuego de la pasión en su relación).
- Comunicación (¡hablen! ¡Incluso si no está en su naturaleza o temperamento el hacerlo!).[14]

> Al igual que usted requiere recargarse y renovarse como individuo de vez en cuando, así también lo requiere su relación más importante.

Si está usted casado, imagine lo que podría hacer por su relación el desconectar de la ocupación y las presiones de la vida cotidiana y estar a solas con su cónyuge en un lugar tranquilo por varios días. Esta variedad muy especial de un tiempo sabático tiene el poder de revitalizar su relación y, más importante, darles a ambos una oportunidad de escuchar juntos de parte de Dios. Al igual que usted requiere recargarse y renovarse como individuo de vez en cuando, así también lo requiere su relación más importante.

En el curso de su tiempo sabático como pareja, probablemente Dios también declarará dirección y visión para su familia. Él le dará metas divinas y estrategias celestiales para lograrlas. Recibirán perspectivas y metas sobre sus finanzas, sus hijos, sus vidas laborales, y mucho más. Probablemente se encontrarán situados en la misma página de maneras que no pensaban que fueran posibles.

Un tiempo sabático, ya sea como pareja o a solas, es poderoso, especialmente cuando añadimos a Dios a la mezcla.

Desatar creatividad sobrenatural

Jesús solamente tuvo un ministerio de tres años. Como revelan los Evangelios, fue seguramente uno de los tres años más ocupados y más intensos que cualquier ser humano haya experimentado nunca. Él fue de un lado a otro por la tierra de Israel predicando, enseñando y sanando en cada aldea y sinagoga en la tierra.[15] Jesús no solo estaba en demanda constante y rodeado por multitudes, sino que la guerra espiritual invisible que lo rodeaba debió haber estado por encima de nuestra capacidad de imaginarla. No es una exageración decir que ningún ser humano en la historia tuvo jamás un periodo de tres años tan demandante y agotador como el que tuvo Jesús de Nazaret.

Por eso es interesante observar que Jesús lanzó su ministerio con un tiempo sabático extendido. Después de su bautismo fue guiado por el Espíritu de Dios a dirigirse a solas a los desiertos al sur y este de Judá. También sabemos que el tiempo sabático de cuarenta días de Jesús integró una forma extrema de ayuno. Eso tiene sentido porque Jesús se estaba preparando para la misión más extrema de toda la historia: la redención de todo un planeta.

Sin embargo, incluso después de ese tiempo sabático inicial, los Evangelios nos muestran que Jesús se apartaba con toda la frecuencia posible para pasar tiempo a solas con Dios. Parece que mientras mayores eran las demandas y presiones sobre Él, más deliberado era Jesús con respecto a encontrar maneras de estar a solas con Dios. Hay una lección inmensa y vital para nosotros en todo esto.

Si a Jesús mismo le resultaba necesario desconectar y encontrar espacio a solas con Dios, ¿cuánto más importante es que lo hagamos nosotros? Lea los Evangelios con estos lentes y descubrirá que casi cada vez que Jesús se retiraba durante un tiempo, regresaba con nueva dirección, perspectiva o conocimiento de lo que estaba a punto de tener lugar.

Contrastemos eso con el modo en que nosotros vivimos en el presente. El hecho es que la mayoría de nosotros hemos llegado a acostumbrarnos tanto a caminar con nuestros tanques mentales casi vacíos, que pensamos que eso es lo normal para nosotros. Lo llamamos "mente espesa". O culpamos a la edad de ser olvidadizos y de nuestra incapacidad para enfocarnos. Sentimos que no somos tan creativos e innovadores como solíamos ser, pero también culpamos de eso a la edad, o simplemente a estar "demasiado ocupados".

El hecho es que Dios nos diseñó para ser creativos. La capacidad de ser creativos es una de las maneras clave en que fuimos creados "a imagen y semejanza de Dios". Él es un Creador, y usted ha sido hecho a su imagen. Una de las mayores tragedias del estilo de vida moderno y sin descanso es que finalmente nos roba este don divino de lo más extraordinario. Eso es lo que hace que un tiempo sabático sea tan poderoso

> Dios nos diseñó para ser creativos.

y también tan importante. Entre sus muchas bendiciones y beneficios, restaura y recupera nuestra creatividad.

¿Alguna vez ha intentado recordar algo (un hombre, el título de una canción o el nombre de un actor) y sencillamente no lo logró? Entonces, unos minutos después cuando ya había tirado la toalla, de repente le vino a la cabeza. Algo parecido sucede con frecuencia cuando enfrentamos un problema aparentemente irresoluble. Pensamos y pensamos, nos esforzamos y, sin embargo, no podemos ver ninguna solución posible. Entonces nos despertamos a la mañana siguiente y sabemos exactamente qué hacer. La respuesta es tan obvia como un cartel de neón encendido. Si tan solo una diminuta parte de quietud, desconexión o descanso puede darnos pequeñas victorias como esas, imagine lo que podría hacer para su mente un periodo extenso con esas cosas.

Ahora bien, seamos sinceros: cuando describí el tiempo sabático ideal anteriormente y compartí las pautas de Steve Dulin para llevar a cabo un tiempo sabático, el siguiente pensamiento se cruzó por su mente, ¿verdad? *Um... ¡eso suena realmente aburrido!*

Entiendo ese pensamiento. Pero en realidad es parte de lo que hace que un tiempo sabático sea tan poderoso. Estamos estimulados en exceso. Nuestros cerebros han aprendido a esperar una corriente constante de información, a menudo desde múltiples direcciones a la vez. De hecho, podemos convertirnos fácilmente en adictos al bombardeo constante. Eso nos hace sentirnos incómodos con el silencio. La quietud... nos molesta. Pero incluso el mundo secular y científico está comenzando a entender que hemos sido diseñados para necesitar periodos regulares y extensos de quietud, tranquilidad e incluso aburrimiento, si queremos operar a nuestro mayor nivel. Eso es, ¡aburrimiento!

En un artículo en 2017 en la revista de tecnología en el Internet,

Quartz, la escritora Jordan Rosenfeld escribió un artículo que tenía el titular: "Me deshice de mi adicción al teléfono inteligente volviendo a entrenar mi cerebro para disfrutar del aburrimiento".[16] En él, ella compartía que la llegada del teléfono inteligente, y su creciente dependencia de él, fue eliminando regularmente sus momentos tranquilos, reflexivos y "aburridos" de sus días:

«Poco después, nunca estaba aburrida: no en la oficina de correos, en el supermercado, o mientras cambiaban el aceite de mi auto. Nada de eso parecía un problema, hasta que observé un creciente sentimiento de confusión mental, y un importante declive en mi escritura creativa. Lo entendí mientras iba conduciendo un día: ya no me permito a mí misma estar aburrida. Me preguntaba cuán malo era eso para una escritora, o para cualquier otro tipo de persona creativa. Así que decidí sumergirme en la investigación de los beneficios inesperados del aburrimiento».

Lo que Ronsenfeld descubrió fue mucha investigación que revelaba un vínculo entre los periodos de tranquilidad e inactividad (alias "aburrimiento"), y los avances creativos. Está claro que necesitamos tranquilidad y quietud mental, un estado sin estímulos que podríamos describir como estar aburridos, a fin de operar al máximo mentalmente. Y esto es precisamente lo que proporcionan los días de reposo y los tiempos sabáticos. Stefan Sagmeister dice: «Todo aquel cuya descripción de trabajo incluya "pensar" o imaginar ideas se beneficiará [de tomar tiempo sabático]».[17]

De nuevo, esto ni siquiera toma en consideración el factor Dios. Cuánto más beneficioso es un tiempo sabático cuando permitimos no solo que nuestro cuerpo y alma descansen profundamente, sino que también invitamos a que el Espíritu de Dios nos llene y nos hable. Nada es más refrescante que la comunión con Dios. Es literalmente como comer del árbol de la vida. Con esto

> Nada es más refrescante que la comunión con Dios.

en mente, leamos las primeras líneas del Salmo 23 con una mirada nueva. Así expresa estos versículos la Nueva Traducción Viviente:

«El Señor es mi pastor; tengo todo lo que necesito. En verdes prados me deja descansar; me conduce junto a arroyos tranquilos. Él renueva mis fuerzas. Me guía por sendas correctas, y así da honra a su nombre».[18]

Eso es lo que hará por usted un tiempo extenso a solas con Dios. En Jeremías, justo antes de anunciar el nuevo pacto que un día será inaugurado por medio de Jesús, Dios dice: «Daré de beber a los sedientos y saciaré a los que estén agotados».[19]

Ese es nuestro Padre. Eso es lo que hace su presencia.

Notas

1. Levítico 25:1-5
2. Ver Mateo 6:26-28
3. Levítico 25:18-19
4. Levítico 25:20-21
5. Deuteronomio 8:11-18
6. Stefan Sagmeister, "The Power of Time Off", Ted.Com, 2009, https://www.ted.com/talks/stefan_sagmeister_ the_power_of_time _off.

7. Alex Soojung-Kim Pang, *Rest: Why You Get More Done When You Work Less* (New York: Basic Books, 2016), p. 224.
8. Fran Howarth, "The Perils of Unused Vacation Time", Spark, 2018, https://www.adp.com/spark/articles/2018/07/the-perils-of-unused-vacation-time.aspx.
9. Howarth, "Unused Vacation Time".
10. "Under-Vacationed America: A State-By-State Look At Time Off", U.S. Travel Association, 2018, https://www.ustravel.org/research/under-vacationed-america-state-state-look-time.
11. Alex Soojung-Kim Pang, *Rest: Why You Get More Done When You Work Less* (New York: Basic Books, 2016), pp. 225–226.
12. "History, Mission, & Vision", Masterplan Business Ministries, consultado en línea 25 de junio de 2019, https://www.masterplanministries.org/history-mission-vision.
13. Jimmy Evans y Karen Evans, *The Mountaintop of Marriage: A Vision Retreat Guidebook* (MarriageToday, 2008), p. 4.
14. Evans, *The Mountaintop of Marriage*, p. 4.
15. Mateo 9:35: «Recorría Jesús todas las ciudades y aldeas, enseñando en las sinagogas de ellos, y predicando el evangelio del reino, y sanando toda enfermedad y toda dolencia en el pueblo».
16. Jordan Rosenfeld, "I Kicked My Smartphone Addiction by Retraining My Brain to Enjoy Being Bored", Quartz, 2017, https://qz.com/1020976/the-scientific-link-between-boredom-and-creativity/.
17. Stefan Sagmeister, "The Power of Time Off", Ted.Com, 2009, https://www.ted.com/talks/stefan_sagmeister_the_power_of_time_off.
18. Salmos 23:1-3, NTV
19. Jeremías 31:25, NIV

CAPÍTULO 7

MÁXIMA PRIORIDAD

La clave no es priorizar lo que hay en nuestro calendario
sino incluir en el calendario nuestras prioridades.

—Stephen Covey

En mi parte del mundo, la gente se toma en serio a los Cowboys de Dallas. Muy, muy en serio. Sí, sé que eso es cierto de los fans del deporte en todo lugar, pero parte de la obsesión de mis colegas texanos con los Cowboys coquetea frecuentemente con cruzar la línea hacia la idolatría declarada.

Para ilustrar esa verdad, se cuenta la historia de un hombre que asistió un año al acto de apertura de la temporada de los Cowboys y se sorprendió al ver un asiento vacío al lado de una mujer delante de él. Ella iba vestida de la cabeza a los pies con la vestimenta formal color plata, blanco y azul de los Cowboys. Durante un tiempo muerto, el hombre preguntó a la mujer por el asiento vacío. "Era de mi esposo", le explicó ella, "pero falleció. Nunca nos perdíamos un partido en casa". El hombre respondió: "Siento mucho oír eso, pero ¿no pudo encontrar a algún familiar que quisiera venir al partido con usted?". Ella se encogió de hombros: "No. Todos insistieron en ir al funeral".

Todos tenemos nuestras prioridades. Tendemos a emplear

nuestro tiempo, igual que nuestro dinero, en consonancia con lo que más valoramos. En la época en la que la gente llenaba cheques, yo solía decir: "Muéstreme el registro de su chequera y yo le mostraré lo que realmente valora". Lo mismo es cierto de su calendario. El problema es que no siempre valoramos las cosas correctas.

Recordará la ilustración de Stephen Covey sobre las "piedras grandes". Aprendimos que, si no ponemos primero las piedras grandes, nunca las haremos encajar todas. La moraleja para nosotros es que, si queremos hacer que el día de reposo sea una parte regular de nuestra vida, y espero que a estas alturas usted entienda que debería hacerlo, vamos a tener que hacer que sea una prioridad. La pregunta es: ¿cómo? Usted maneja varios roles (cónyuge, padre o madre, hijo o hija, sostén de la familia, amigo, miembro de iglesia, voluntario, y posiblemente varios otros), cada uno de los cuales reclama atención y le bombardea con demandas. Si está esperando hasta que su horario cree mágicamente algún tiempo de descanso para usted, sencillamente nunca sucederá. ¿Cómo puede asegurarse de que la "piedra grande" del descanso tenga prioridad en el medio de todas esas piedras, grandes y pequeñas, que quieren entrar en su jarra?

En mi libro *Más allá de toda bendición*, que habla principalmente de la administración bíblica de las finanzas, señalé a los lectores una herramienta especial para llegar a ser un mejor administrador del dinero: un presupuesto. Escribí:

«Un presupuesto es sencillamente un plan detallado que refleja sus valores y metas. La mayoría de los hogares simplemente no tienen un plan para llegar hasta donde quieren ir. Pensemos en un buen presupuesto como un mapa para llegar a sus metas».[1]

Cuando se trata de llegar a ser un mejor administrador de su tiempo, tiene una herramienta similar a su disposición si decide utilizarla. Se llama calendario. En su clásico libro, *Los 7 hábitos de la gente altamente efectiva*, Stephen Covey escribió, como es bien sabido: «La clave no es priorizar lo que hay en nuestro calendario sino incluir en el calendario nuestras prioridades». En otras palabras, las metas más importantes que quiera alcanzar no pueden vivir únicamente en su mente y su corazón. No son verdaderamente *reales* hasta que estén también en su calendario.

Establecer prioridades significa algo más que incluirlas en una lista de quehaceres. Tales listas, por su propia naturaleza, no tienen fechas límite. No son citas en su horario o calendario con un tiempo designado establecido para ellas. No, usted va tachando puntos en su lista de quehaceres cuando los ha realizado. Una lista así puede ser útil para determinar sus prioridades basándose en sus valores; pero una lista nunca puede designarles *tiempo*.

Su calendario es su presupuesto para administrar su tiempo. La mayoría de nosotros tenemos tendencia a pensar de nuestros calendarios como cosas donde se anotan solamente citas y reuniones; y la mayoría de esas cosas giran en torno a nuestros días laborales de ocho de la mañana a seis de la tarde. Pero la realidad es que el mundo se apresurará a llenar todos los espacios vacíos.

Una vez escuché a un pastor amigo mío preguntar a una gran congregación de colegas pastores: "¿Cómo emplearían su tiempo si Dios estuviera a cargo de su calendario?".

Pasó a destacar que nuestros calendarios son nuestra herramienta principal para ayudarnos a llegar a ser *quienes* queremos llegar a ser. Utilizó el ejemplo siguiente: si dentro de un año usted

> Si no está programado, no es una verdadera meta.

quiere ser un mejor padre, ¿puede mostrarme dónde vive eso en su calendario? Muéstreme dónde ha asignado con antelación tiempo intencional y enfocado con sus hijos y lo ha protegido como si fuera una reunión de negocios clave. Si no está programado, no es una verdadera meta. No es otra cosa sino una buena intención. Un deseo.

En otras palabras, como mi amigo nos recordó sabiamente, nuestro calendario u horario debería ser un reflejo detallado y preciso de *quién queremos llegar a ser*, en lugar de estar lleno de *cosas que queremos hacer*. Hay algo poderoso y activador en tener algo en el calendario. Pasa del ámbito de lo hipotético al ámbito de lo real. Las cosas que están en su calendario se vuelven reales.

Tengo un amigo que es un escritor prolífico y exitoso. Muchas personas que aspiran a ser escritores acuden a él en busca de consejos sobre cómo comenzar. Casi no pasa una semana sin que él escuche de alguien que sabe que "tiene un libro en su interior" pero no puede pensar en cómo trasladarlo al papel. Es obvio que esas personas buscan algún tipo de secreto o truco exótico y misterioso que solamente los escritores conocen. Su consejo es siempre abrumadoramente sencillo. Él les dice: "Los escritores escriben; por lo tanto, comience a programar tiempo para escribir en su día. Y cuando llegue ese tiempo programado, siéntese en una silla delante de un teclado y comience a formar frases con las palabras". Ese es otro modo de decir: haga que su calendario refleje lo que usted quiere llegar a ser y lo que quiere lograr. Esto es precisamente lo que hizo uno de los novelistas más exitosos del mundo para comenzar. Cuando John Grisham era un abogado en ejercicio que tenía una vena para escribir historias de ficción, sacó su calendario forrado en cuero y escribió la única palabra "¡Escribir!" en secciones de su calendario. En el momento en que hizo eso, la escritura pasó de ser un *deseo* a ser una *cita*. Se le había asignado tiempo.

Esto no es menos cierto cuando se trata del descanso. Si quiere usted ser una persona descansada, una persona que reconoce y honra la sabiduría del principio del día de reposo, entonces va a tener que programar una cita designada con el "descanso". Ya he descrito mi encuentro hace décadas atrás con un pastor amigo mío que había aprendido claramente el poder de este secreto. Recordará mi esfuerzo por programar un almuerzo con él y mi descubrimiento de que su calendario tenía la palabra "Nada" escrita en el día entero del jueves. Aunque yo no lo entendía en aquel momento, ahora sé que mi amigo tenía una cita importante ese jueves, una cita que él valoraba lo suficiente para protegerla incluso a riesgo de ofender a un conocido (yo). Usted y yo necesitamos saber cómo hacer eso también. Hablemos al respecto.

Tomar decisiones difíciles

Algunos libros cristianos son perennes. Siguen vendiéndose año tras año, década tras década. Estos corredores de maratón nunca dejan de imprimirse porque las necesidades que abordan están siempre presentes. Por la gracia de Dios, mi primer libro, *Una vida de bendición*, se ha convertido en uno de esos libros. Otro de esos libros es el clásico del Dr. Henry Cloud y el Dr. John Townsend, *Límites: Cuándo decir que sí. Cuándo decir que no. Tome el control de su vida*. Hay una razón por la que cada librería cristiana los mantiene en sus estantes año tras año. Claramente, muchos de nosotros necesitamos ayuda para aprender a decir que no.

En el momento en que toma la decisión de hacer del día de reposo una prioridad y planta esa bandera en su calendario, puedo prometerle que obtendrá de inmediato una corriente firme de

> En cualquier hora dada de cualquier día, hay miles de cosas "buenas" que podría usted hacer.

oportunidades para hacer concesiones en esa decisión. Cada una de esas peticiones será sincera, legítima, y valdrá la pena. El hecho es que, en cualquier hora dada de cualquier día, hay miles de cosas "buenas" que podría usted hacer; sin embargo, solamente puede hacer una cosa cada vez. No puede hacer todas las cosas. Tenemos que *escoger*; y *escogeremos*. La única pregunta que permanece es: "¿Qué impulsará nuestra elección?". ¿Será la emoción? ¿La culpabilidad? ¿La presión de las expectativas de los demás? ¿El temor al rechazo? ¿La falsa urgencia? ¿La inseguridad? ¿O habrá algo más elevado y eterno que informe nuestra decisión? En *Primero, lo primero*, Stephen Covey llama a esto "mantener integridad en el momento de la decisión".[2] Acerca del poder de decisión que Dios nos ha dado, escribe:

«Puede que nos resulte conveniente vivir con la ilusión de que las circunstancias u otras personas son responsables de la calidad de nuestras vidas, pero la realidad es que nosotros somos responsables de nuestras decisiones. Y aunque algunas de esas decisiones puedan parecer pequeñas e insignificantes en el momento, como diminutos arroyos montañosos que se unen para crear un potente río, estas decisiones se unen para movernos cada vez con más fuerza hacia nuestro destino final. Con el tiempo, nuestras decisiones se convierten en hábitos del corazón. Y más que cualquier otro factor, estos hábitos del corazón afectan nuestro tiempo y la calidad de nuestras vidas».[3]

Cuando haya tomado la decisión de incorporar la sabiduría de Dios con respecto al descanso a su vida semanal, tendrá que aprender a defender y proteger esa decisión. No fue siempre de ese modo en mi caso, pero finalmente decidí que ciertas cosas no son negociables para mí: Dios, mi familia, mi trabajo y mi salud. Estos son mis valores, mis prioridades, y por eso ahora programo tiempo de manera deliberada e intencional para cultivar cada uno de esos puntos no negociables.

No es solamente un compromiso mental a invertir tiempo en estas áreas, no es una lista de quehaceres invisible que llevo a todas partes en mi cabeza. No, programo bloques concretos de tiempo para las cosas que Dios me ha dicho que son más importantes para mí y mi llamado; como resultado, mi esposa no tiene que conformarse con las sobras de mi tiempo después de que yo haya satisfecho todas las demandas y necesidades de los demás; no tiene que contentarse con las migajas que caen de la mesa de mi asignación de tiempo. Mi calendario testificará de la importancia que ella tiene para mí, y de su importancia para Dios.

En otras palabras, yo programo formalmente y regularmente lo que es importante, en lugar de dejar las cosas al azar y a mis buenas intenciones. Programo tiempo para trabajar. Programo tiempo para mi familia. Programo tiempo para el descanso. Con el tiempo, al igual que con el dinero, la planificación es vital. Si usted no crea un plan, nuestro mundo caído y quebrantado creará uno para usted. Llenará sus días de cosas que no tienen un impacto eterno, ninguna conexión con sus metas, y que no tienen nada que ver con sus valores más elevados.

Me refiero una y otra vez a *Más allá de toda bendición*, mi libro sobre la administración de las finanzas, porque dinero y tiempo son muy similares en muchos aspectos. Y todo cristiano debe ser un administrador sabio de ambas cosas para ser un embajador eficaz del reino de Dios. En ese libro comparto un concepto valioso para ayudar a individuos y familias a tomar decisiones difíciles sobre las finanzas. Describí que Debbie y yo habíamos aprendido a entregar nuestras decisiones financieras difíciles a la autoridad del "Sr. Presupuesto".

En nuestros primeros años de matrimonio yo ganaba muy poco dinero, y lo que ganaba llegaba esporádicamente e irregularmente. Ambos sabíamos que, si queríamos alcanzar nuestras metas de diezmar, dar y evitar la deuda, íbamos a tener que vivir ceñidos a un presupuesto; por lo tanto, convertimos al Sr. Presupuesto en un miembro honorario de nuestro hogar. El Sr. Presupuesto era firme pero sabio. Siempre que Debbie o yo éramos tentados a hacer una compra por impulso, el otro aprendió a decir: "Vaya, estaría bien comprar eso. ¡Consultemos al Sr. Presupuesto!". Y si los fondos para esa compra no estaban indicados y disponibles, el otro de nosotros decía entonces: "Oh, el Sr. Presupuesto dijo que no. ¡Qué aguafiestas es!". Eso evitaba que cualquiera de los dos tuviera que ser el malo ante los ojos de la persona que amamos. El Sr. Presupuesto es también un poderoso aliado a la hora de decir no a peticiones e indicaciones de otros que implican gastar dinero. Un presupuesto no es subjetivo. No es un sentimiento.

Bien, el Sr. Presupuesto tiene un aliado en la batalla diaria de mantenernos fieles a nuestras metas y valores: el "Sr. Calendario". Eso es básicamente lo que mi amigo estuvo haciendo todos aquellos años cuando yo intentaba convencerlo para que fuéramos a almorzar en su día de reposo. Él estaba diciendo: "Robert, me encantaría pasar tiempo contigo, pero el próximo jueves está descartado. Le pregunté al 'Sr. Calendario' y me dijo que tengo reservado todo ese día. ¡Reservado para hacer 'nada'!".

Lo primero es lo primero

Cuando comience el proceso de traspasar sus prioridades, valores y metas de su corazón a su calendario, se le presentará un conjunto de decisiones difíciles. Después de todo, el día tiene solamente veinticuatro horas, y solo hay siete días en una semana. Y necesitamos emplear aproximadamente una tercera parte de ese tiempo disponible en dormir y así poder estar sanos y ser sosteniblemente productivos.

En otras palabras, decir sí a las cosas que son más importantes casi con toda seguridad requerirá decir no a varias cosas, quizá muchas, que valen la pena. Este es un proceso potencialmente doloroso pero muy saludable y vitalmente importante. Para una persona que ha estado gastando más dinero del que ingresa, ceñirse a un presupuesto requerirá echar una mirada firme, objetiva y sin emoción a las maneras en que se ha gastado el dinero e identificar gastos que pueden reducirse o eliminarse por completo. Del mismo modo, comenzar a ordenar nuestra vida según un calendario que refleje nuestros valores más elevados, especialmente el valor del día de reposo, requerirá una mirada igualmente cruda a las maneras en que empleamos el tiempo.

Una de las maneras más poderosas de aumentar sus reservas disponibles de tiempo y de dinero es *simplificar*. La mayoría de nosotros vivimos vidas que son más complicadas de lo que tendrían que ser. Simplemente intentamos hacer demasiadas cosas, estar en demasiados lugares, y manejar demasiadas responsabilidades que, si somos sinceros con nosotros mismos y con Dios, están fuera de nuestro principal llamado y metas.

Hay poder en la simplicidad. El escritor Henry David Thoreau

Hay poder en la simplicidad.

observó en una ocasión: "Un hombre es rico en proporción al número de cosas que puede permitirse dejar a un lado". Creo que él se refería a que tendemos a acumular demasiadas cosas e involucrarnos en demasiadas cosas. La complejidad de vida que esto causa nos hace ser pobres en dinero y tiempo. Cuando simplificamos nuestras vidas, ganamos riqueza.

En cualquier caso, tendrá que programar descanso y proteger su horario si quiere captar el poder transformador de honrar el principio del día de reposo. Programar descanso me ayuda de múltiples maneras. En primer lugar, están los beneficios naturales y físicos del descanso que hemos explorado con cierta profundidad en los capítulos anteriores. Eso "afila mi hacha" para así ser mucho más eficaz y enfocado cuando estoy trabajando; sin embargo, sucede mucho más aquí. Ser deliberado en cuanto a honrar un día de reposo es una expresión de mi confianza y fe en Dios. Es un reconocimiento de que yo no soy mi propia fuente, y me recuerda que solamente Dios es el motivo de cualquier logro o éxito que yo haya experimentado. Esto libera más de la bendición y el favor de Dios sobre mi vida. Igual que la tierra está diseñada para producir más fruto cuando descansa cada siete años, así también Dios nos diseñó para ser más productivos cuando descansamos físicamente uno de cada siete días.

Es un recordatorio regular que necesito verdaderamente, incluso después de todos estos años. Por mucho que me gustaría decir que trabajo de modo natural desde una consciencia profunda de mi dependencia de Dios todo el tiempo, no es así. Me resulta fácil comenzar a pensar y actuar como si todo estuviera en mis manos.

Mi amigo y compañero pastor, Brady Boyd, autor del libro maravilloso titulado *Addicted to Busy: Recovery for the Rushed Soul* (Adictos a la ocupación), lo expresó de este modo en una entrevista sobre su libro:

«Al escoger el día de reposo, en otras palabras, escoger un día durante la semana que no tiene que ser el domingo, estoy protestando y revelándome contra este deseo innato que tengo de confiar en mi propia autosuficiencia y adorarla. De modo que, literalmente, el día de reposo es una protesta: no puedo hacer esto por mí mismo. No puedo hacer esto yo solo. Por lo tanto, protesto contra mi propia autosuficiencia que sé que tengo y que la mayoría de nosotros tenemos. Esta necesidad de ser autosuficientes. Voy a ralentizar. Voy a ser un hijo durante ese día, no voy a ser un pastor, no voy a ser un líder ministerial, no voy a ser cualquier título que usted tenga. Voy a dejar eso a un lado. El día de reposo soy el hijo. Él es el Padre, Él es el alfarero y yo soy el barro. Él es el Padre y yo soy su hijo, voy a recuperar mi identidad».[4]

Todos tenemos el mismo impulso que Brady describe aquí, la tentación de pensar de acuerdo con las palabras del escritor motivacional de un tiempo pasado: "Si ha de ser, ¡que sea yo!". Sencillamente eso no es cierto para el creyente. De hecho, Jesús nos dice claramente: "Ciertamente, yo soy la vid; ustedes son las ramas. Los que permanecen en mí y yo en ellos producirán mucho fruto *porque, separados de mí, no pueden hacer nada*".[5] Es un recordatorio que necesitamos regularmente. Nosotros somos dependientes; todo es Él. Sin nuestra conexión con Jesús no somos capaces de hacer nada de valor eterno. Y el acto mismo de tomar un día de reposo nos impulsa a recordar esa verdad. Eso es parte del poder de un día de reposo semanal.

Si el recordatorio regular, fácilmente puedo ser barrido en mis actividades diarias. Me distraigo. ¿No hace usted lo mismo? Algunas veces lo hago porque me gusta mucho la recompensa que proviene del trabajo duro. Cuando anticipo la emoción del logro puedo

> Él ya me selló con
> su aprobación
> en Jesucristo
> por medio de su
> Espíritu Santo.

sentir que mi corazón va a toda marcha. Quiero recorrer mis días para llegar a esa paga de ser capaz de decirme a mí mismo, a Dios y a todo el mundo: "¡Miren lo que hice!". Soy más rápido en reconocer este cambio interior hacia "modo obras" de lo que solía serlo. Sé que Dios no necesita mi trabajo; Él me quiere *a mí*. También sé que Él no está sentado en el cielo distribuyendo "estrellas doradas". Él ya me selló con su aprobación en Jesucristo por medio de su Espíritu Santo. El día de reposo nos da a usted y a mí la oportunidad de recalibrar nuestra relación con Dios y redescubrir quiénes somos en Él.

Al guardar el día de reposo, declaro: "Tú eres Dios y yo no lo soy". Dios nos diseñó para descansar, disfrutar de Él y recibir de su provisión interminable de gracia. El día de reposo es bueno para nosotros, pero guardarlo va totalmente contracorriente de la naturaleza humana caída y del espíritu orgulloso de esta época.

Preguntas comunes

Siempre que enseño sobre el principio del día de reposo, invariablemente la gente me hace un puñado de preguntas después. Las más comunes de ellas ya las hemos abordado, por ejemplo: "¿Tiene que ser el domingo mi día de reposo? (o el sábado, como afirman quienes se adhieren al séptimo día). Usted ya sabe que la respuesta es no. El principio del día de reposo es vida y no una ley. Cualquier día de la semana que funcione mejor para su situación única es el que usted debería escoger. No hay ningún poder en cualquier día en particular; el poder está en lo que sucede en usted y entre usted y

Dios cuando confía en Él lo suficiente para desconectar y descansar un día cada semana.

También escucho mucho esta pregunta: "¿Qué debería hacer en mi día de reposo, pastor Robert?". Mi respuesta breve es: "¡Disfrute! Disfrute de su vida. Disfrute de su Padre celestial. Disfrute de su familia". Desconéctese del trabajo; desconéctese del mundo del correo electrónico y las redes sociales (lo cual puede implicar incluso romper una adicción). Además de eso, haga cualquier cosa que le renueve. Solamente sea consciente de Dios y su bondad en lo que esté haciendo.

En una ocasión después de haber dado una enseñanza sobre la importancia del principio del día de reposo, un hombre se acercó a mí, se inclinó como si estuviera a punto de compartir un oscuro secreto, y preguntó: "Eh, ¿está bien si juego al golf?". Yo entendí la raíz de su pregunta. Es fácil suponer, especialmente si nos hemos criado en un hogar religioso que, si el día de reposo es "santo" para el Señor, entonces las únicas cosas permisibles en ese día tendrían que ser claramente actividades "religiosas", prácticamente nada más que el estudio de la Biblia, oración, cantar salmos, quizá algún programa en la televisión cristiana. Consulte Netflix para ver si tienen para ver *La historia más grande jamás contada* o *Los Diez Mandamientos* o *El manto sagrado*.

Esa es sin duda la dirección por la que llevaron los rabinos y maestros de la ley el concepto del día de reposo bajo el judaísmo rabínico. Cuando Jesús entró en escena, honrar el día de reposo se había enfocado casi por completo en acciones externas y nada en absoluto en la devoción interior, el gozo o la delicia. Sí, ¡delicia! (Recordará que el Señor dijo por medio de Isaías: "y lo llamares delicia").[6] El hecho es que trazar líneas entre lo que es "secular" y lo que es "sagrado" es artificial. Para el creyente, todo es sagrado. Del Señor es la tierra y su plenitud. Lo que santifica una actividad es lo que sucede en el interior a medida que lo estamos haciendo, incluso jugar al golf.

Por lo tanto, le respondí a ese hombre: "¡Claro que sí! ¡Disfrute!". Entonces desarrollé y califiqué mi afirmación: "Mientras no esté descuidando a su familia pasando demasiado tiempo en el campo de golf, y mientras sea usted financieramente responsable, entonces sí, puede jugar al golf en su día de reposo". Se le iluminó la cara y, dirigiéndose a su esposa, que estaba un poco más atrás a poca distancia, dijo: "¡Puedo jugar al golf!".

Le hice un gesto para que se acercara y le pregunté, mientras señalaba con la cabeza a su esposo: "¿Le renueva jugar al golf?".

Ella respondió: "Ah, sí. Ha estado demasiado ocupado para salir mucho estos días, pero cuando lo hace, ¡regresa siendo un hombre diferente!".

"¿Le gusta ese 'hombre diferente' que regresa? ¿Le gustaría ver más de *ese* hombre?".

"Bueno, sí, me gustaría. Está más relajado y alegre".

Así que le repetí a ella lo que le dije a él. "Bien, yo no soy el Espíritu Santo. Deberían consultar con Él, pero creo que, si eso le renueva, mientras no esté pasando demasiado tiempo alejado de usted y sea financieramente responsable al respecto, yo diría que debería disfrutar del golf". Entonces añadí: "La clave es que Dios quiere que ambos pasen un buen tiempo en su día de reposo".

En ese momento se le iluminó la mirada, apareció en su cara una sonrisa traviesa, y dijo: "Ah, ¿de veras? Entonces, ¿puedo ir de compras?". Yo me reí y dije: "Lo mismo se aplica a usted. Mientras esté siendo financieramente responsable…".

Si a usted le gusta el golf, salga a jugar; pero mientras esté en el campo, dé gracias a Dios por la belleza de su creación. Tenga comunión con Él y también con sus compañeros de juego. Cualquier cosa

que alimente su alma y renueve y vigo-
rice su cuerpo... hágalo. Tan solo hágalo
con Dios. Haga que Él sea parte de su
día, durante todo el día.

> Haga que Él sea
> parte de su día,
> durante todo el día.

Esa conversación nos conduce a otra
pregunta que oigo frecuentemente cuando enseño sobre tomar un
día de reposo semanal: "¿Qué *no* debería hacer en el día de reposo?".

La respuesta breve es: trabajar. No deberíamos hacer nada relacionado con nuestro empleo, incluyendo consultar el correo electrónico a menos que sea absolutamente necesario. Antes de la llegada
de los teléfonos celulares, todos teníamos un teléfono en nuestro
lugar de trabajo y un teléfono en nuestra casa. Raras veces, si es
que alguna, recibíamos en casa llamadas relacionadas con el trabajo
a menos que fuera una emergencia. El hogar era un santuario, un
refugio. Ahora, se han destruido todas las barreras. La línea divisoria entre tiempo de trabajo y tiempo en casa ha quedado totalmente borrada. Los teléfonos inteligentes y una conexión estable de
Internet significan que realmente nunca nos vamos de la oficina; la
llevamos con nosotros dondequiera que vayamos. Como los famo-
sos perros de Pavlov, estamos condicionados para reaccionar instan-
táneamente a cualquier pitido o sonido que emita nuestro teléfono
para notificarnos nuevos mensajes de texto y de correo. Incluso en
mitad de una cena familiar o una conversación profunda, el sonido
nos hace agarrar nuestro teléfono. No hay modo alguno de descansar verdaderamente y profundamente si nunca desconectamos.
Debemos desconectar del trabajo si queremos conectar con la presencia de Dios que da vida, restaura el alma y agudiza la mente.

Por la misma razón, también es vital desconectar de las redes
sociales. Verá, yo estoy en las redes sociales y uso esas plataformas
para alentar a la gente y fomentar cosas importantes; pero también

soy muy deliberado y firme sobre limitar mi exposición a ellas durante la semana y evitarlas totalmente en mi día de reposo. Antes he mencionado que nuestras redes sociales se han convertido en gran parte en una corriente constante de negatividad, enojo, tragedia y noticias desgarradoras. Si lo que leemos y vemos no nos hace querer dar un puñetazo a alguien, nos hace sentirnos inferiores y envidiosos. (Desde luego, sé que algunas de las cosas que leemos son buenas noticias sobre nuestros amigos o cosas bonitas de nuestra familia). Aun así, llevar a todas partes el teléfono celular se ha convertido en un modo de dirigir constantemente emociones tóxicas a nuestra alma. Y lo que es peor, es adictivo.

Por todos esos motivos, recomiendo encarecidamente que haga que su día de reposo sea un día fuera de la red. ¡Finja que es usted un ermitaño por un día! Use la mínima tecnología que pueda. Redescubra el silencio. Sin duda, al principio le molestará. Nos hemos acostumbrado tanto a ser bombardeados constantemente por sonido en forma de medios de comunicación que realmente nos sentimos incómodos cuando no hay ruido de fondo. La tranquilidad y el silencio parecen en cierto modo erróneos; nos hace estar mentalmente inquietos. Sin embargo, quietud es exactamente lo que necesitamos, especialmente si queremos oír la voz de Dios. Su Padre celestial quiere hablarnos, pero no está interesado en intentar gritar para ser oído por encima del ruido con el que nos rodeamos incesantemente.

Uno de los aspectos poderosos e importantes de un día entero de reposo desconectado y sin distracciones es que usted puede realmente *oír* a Dios. Ah, ¡Él quiere decirle cosas extraordinarias! Él quiere impartir identidad, mostrarle quién le hizo ser Él realmente y para qué cosas le puso en esta tierra. Él quiere declarar dirección, perspectiva, instrucción, sabiduría, aliento y consuelo. Quiere decirle cosas grandes y poderosas que usted no conoce.[7] Como he mencionado, regularmente oigo comentarios parecidos a estos: "Me gustaría poder oír la voz de Dios tan claramente como usted,

> Dios habla. Él quiere que usted escuche su voz.

Robert". ¿Puedo decirle algo? Dios habla. Él quiere que usted escuche su voz. Y no hay nada en este mundo que le pondrá en una mejor posición para oír lo que Él dice que entregarse al regalo de un día de reposo verdadero, tranquilo y centrado en Dios.

Repito: no se vuelva excesivamente rígido o legalista sobre nada de esto. Dios hizo el sábado para que nos sirviera, y no al contrario. Como he dicho, yo normalmente tengo el lunes como mi día de reposo y lo protejo todo lo posible; pero ocasionalmente surgirá algo que requiere absolutamente que yo me implique o viaje un lunes. Sencillamente cambio mi calendario esa semana y tomo mi día de reposo en un día diferente. Esos tipos de ajustes son necesarios de vez en cuando, pero los mantengo en mínimos.

Otra pregunta que oigo con frecuencia es: "¿Y qué si hay una emergencia?". Jesús habló precisamente de este tema. Voy a parafrasear, pero en varias ocasiones Jesús dijo: Si tu burro o tu buey se cae a un pozo el día de reposo, ¡ayúdalo a salir![8] Si tus animales de granja tienen sed en el día de reposo, ¡llévalos a abrevar![9] En otra ocasión, Él lo resumió todo diciendo básicamente: Oigan, ¡relájense! ¡Es correcto hacer el bien en el día de reposo![10] Por lo general, yo añado en tono de broma: "Pero si su buey se cae a un pozo cada semana, ¡es usted un mal administrador!". En otras palabras, si tiene emergencias cada semana en el trabajo que interrumpen su día de reposo, entonces establezca procesos mejores para poder descansar un día por semana.

Use el sentido común. Escuche al Espíritu Santo, porque Él le guiará. Si tiene una emergencia, si alguien le llama y dice: "¡Su negocio está ardiendo!", Dios no espera que usted diga: "Es mi día de reposo, llámeme mañana".

Para resumir esta visión de lo que puede ser un día de reposo bueno y descansado, regresemos a la Palabra de Dios para encontrar una descripción. A continuación, tenemos unos extractos del Salmo 95, un canto sobre entrar en el reposo de Dios:

«Lleguemos ante su presencia con alabanza;
Aclamémosle con cánticos… (v. 2)
Venid, adoremos y postrémonos;
Arrodillémonos delante de Jehová nuestro Hacedor». (v. 6)

Claramente, la adoración es una clave para entrar en el reposo sobrenatural. Siguiendo en este salmo, notemos el enfoque especial de los versículos 7 al 10. Estos son los versículos citados por el autor de Hebreos que examinamos anteriormente, con respecto a la negativa de los israelitas a entrar en el reposo de Dios en la tierra de la promesa. Hablan del deseo de Dios de que descansemos:

«Porque él es nuestro Dios; nosotros el pueblo de su prado, y ovejas de su mano. Si oyereis hoy su voz, no endurezcáis vuestro corazón, como en Meriba, como en el día de Masah en el desierto, donde me tentaron vuestros padres, me probaron, y vieron mis obras. Cuarenta años estuve disgustado con la nación, y dije: Pueblo es que divaga de corazón, y no han conocido mis caminos». (vv. 7-10)

Dios instituyó el día de reposo como un día de descanso para que, entre otras cosas, pudiéramos reflexionar en su bondad, fidelidad y amor. Hacer eso edifica nuestra fe y confianza en Él, lo cual a su vez nos hace ser creyentes más poderosos y más pacíficos.

Es un día para suavizar nuestro corazón y creer en sus promesas. Veamos de nuevo las promesas de Dios con respecto al día de reposo (provisión, abundancia, refrigerio, sabiduría) y recordemos que Él nos dio este día como un regalo. Él nos invita a experimentar su presencia, disfrutar de Él, y ser renovados en Él. Millones de creyentes se toman días libres y no experimentan ninguna renovación en absoluto. Un día libre no es necesariamente un día de reposo más de lo que unas vacaciones no son necesariamente un tiempo sabático.

Como sabe, eso me sucedió a mí por varios años cuando lanzamos por primera vez la Gateway Church. Me sentía culpable por descansar mientras mi equipo trabajaba. Me sentía obligado a permitir que se colara trabajo en mi día, y terminé pensando constantemente en el trabajo. Como resultado, ninguno de mis cuatro tanques era rellenado hasta un grado significativo en mi día libre; sin embargo, eso es lo que un día de reposo adecuado puede hacer y hará por nosotros. Nos restaurará espiritualmente, físicamente, emocionalmente y mentalmente. Examinemos algunas maneras en que podemos asegurarnos de permitir que eso suceda.

Rellene sus tanques

No hay dos personas iguales. Los seres humanos tenemos una amplia variedad de personalidades y temperamentos. Lo que a usted le vigoriza en realidad me agota a mí. Por ejemplo, a las personas introvertidas les resulta más vigorizante el tiempo a solas que a las extrovertidas. Los opuestos sí se atraen, y Debbie y yo conocemos a varios matrimonios formados por una persona claramente extrovertida y otra claramente introvertida. Si una pareja así asiste a una reunión social como la fiesta de Navidad de un amigo, el extrovertido se irá del evento completamente rebosante de energía y vida; mientras tanto, el introvertido habrá disfrutado de la noche, pero se irá profundamente agotado y vacío. Él o ella necesitarán unas horas a solas para recuperarse.

Lo que llena sus cuatro tanques casi con seguridad será un poco distinto a lo que llena los míos. Pero los siguientes tipos de actividades me han ayudado en cada área, y servirán para darle a usted un punto de inicio para descubrir lo que le renueva. Así es como yo lleno mis cuatro tanques.

El tanque espiritual

> Todos somos creados con las mismas necesidades y estamos hechos para conectar con Dios esencialmente de las mismas maneras.

Este es el más sencillo y más universal de todos los tanques. No hay personalidades ni temperamentos cuando se trata del espíritu humano. Todos somos creados con las mismas necesidades y estamos hechos para conectar con Dios esencialmente de las mismas maneras.

Simplemente pasar tiempo en oración y en la Palabra de Dios parece dolorosamente obvio, y sin embargo es la mejor manera que conozco para que llenemos nuestro tanque espiritual. Este tiempo podría incluir meditar y declarar en voz alta las promesas de Dios. Hay gran poder en esta práctica. Cuando usted declara en voz alta la verdad sobre Dios y su bondad, usted mismo la escucha; y al escucharla surgen fe y confianza en su interior. Su espíritu nacido de nuevo responde, y no solo es usted quien escucha. Los ángeles de Dios y los espíritus demoniacos también oyen su voz. Los ángeles prestan atención y los demonios tiemblan.

Pida al Espíritu Santo que lo dirija a pasajes de la Escritura que se apliquen a algún área de debilidad o lucha en su vida. Medite e incluso memorice esa parte de la Escritura, repitiéndola, declarándola y orando por usted mismo y su casa. Si batalla con el temor y la ansiedad, el Espíritu de Dios podría señalarle 2 Timoteo 1:7:

«Porque no nos ha dado Dios espíritu de cobardía, sino de poder, de amor y de dominio propio».

O quizá Filipenses 4:6-7:

«No se preocupen por nada; en cambio, oren por todo. Díganle a Dios lo que necesitan y denle gracias por todo lo que él ha hecho. Así experimentarán la paz de Dios, que supera todo lo que podemos entender. La paz de Dios cuidará su corazón y su mente mientras vivan en Cristo Jesús».[11]

Estudie estos u otros versículos en distintas traducciones. A veces, una traducción distinta puede hacer que un pasaje familiar cobre vida en diversos aspectos.

La oración, el privilegio de poder conversar y tener comunión con el poderoso Creador del universo, es un privilegio tremendo, pero no lo sabríamos al observar las vidas de la mayoría de los cristianos. Para muchos creyentes, en particular quienes se criaron en la iglesia, la oración es una obligación. Algo *obligado*. Una tarea sin gozo que nos hace ganar puntos o créditos ante Dios. Si muchos cristianos fueran totalmente sinceros, admitirían que ven la oración como algo que probablemente es bueno para ellos, pero en realidad no cambia nada. Como correr sobre una cinta andadora, nos hace algún bien, pero realmente no nos lleva a ninguna parte.

Qué tragedia es eso. El privilegio de la oración es la oportunidad de hacer lo que hacían Adán y Eva en el huerto del Edén: tener comunión con su Creador y tener una relación real con Él. Es el privilegio que perdieron cuando se rebelaron y fueron expulsados del huerto tras la Caída. Hay una razón por la que el tapiz del templo de Jerusalén que bloqueaba el acceso al lugar santísimo fue partido en dos de arriba abajo en el momento en que Jesús murió. Ese "velo" rasgado testificaba que la muerte de Jesús había abierto el camino para que podamos entrar directamente a la presencia de Dios. Su cuerpo partido se convirtió en la nueva puerta de entrada a la comunión íntima con Dios.

Es impensable que descuidemos esta oportunidad asombrosa. ¡Caminar con Dios y hablar con Él en el frescor del día es exactamente el motivo del día de reposo! Derrame su corazón. Comparta sus esperanzas, sus sueños y sus temores; y entonces escuche. Deje de hablar y aquiete su alma el tiempo suficiente para que su Padre celestial hable. ¡Sus palabras son espíritu y son vida![12] Dios es sabio, todo lo sabe, indeciblemente poderoso, y ama incondicionalmente. Y Dios ya ha estado en su futuro, obrando y preparando cosas buenas para usted allí. ¿Por qué motivo pasaríamos por alto una oportunidad de oír lo que Él quiere decirnos cada semana?

> Deje de hablar y aquiete su alma el tiempo suficiente para que su Padre celestial hable.

Además de la oración y la Palabra, el ayuno es otra manera de poder llenar su tanque espiritual. Como recordará, hacer cierto tipo de ayuno estaba en la lista de sugerencias de Steve Dulin para un tiempo sabático. Esta disciplina espiritual está pensada concretamente para llenar nuestro tanque espiritual cuando negamos nuestras necesidades físicas. Ayunar nos ayuda a reconocer la conexión de nuestro espíritu con el Espíritu de Dios de maneras nuevas.

Por favor, entienda que no estoy sugiriendo que tenga que ayunar cada día de reposo. De hecho, el día de reposo para los judíos observantes en todo el mundo es un día lleno de buena comida (preparada con antelación). Pero ocasionalmente, en especial cuando se esté sintiendo particularmente cansado espiritualmente y bajo ataque, el Espíritu de Dios puede hablarle sobre abstenerse de alimentos o al menos de ciertos tipos de alimentos durante el día. Si siente ese impulso, hágalo. Hay alimento espiritual en hacerlo. Ya sabe que yo recomiendo ayunar del Internet en el día de reposo.

Finalmente, adorar y alabar a Dios con cantos es un modo hermoso que tenemos de llenarnos. Ya sea que cante mis propias palabras al Señor o esté cantando al son de uno de mis álbumes favoritos de alabanza y adoración, siempre encuentro una cantidad tremenda de fuerza y paz durante la adoración. Cuando tengo la sensación de que es difícil aquietar mi mente, la música me ayuda a cambiar mi enfoque y entrar en la presencia de Dios.

El tanque físico

Cuando alguien menciona que está cansado, o dice que está "agotado", por lo general suponemos que se refiere a su cuerpo físico. Cuando nuestros cuatro tanques siguen adelante vacíos, normalmente sentimos primero el déficit en el tanque físico de manera más destacada. Como mencioné al inicio de este libro, nuestros estilos de vida sin días de reposo nos están matando físicamente. Incluso muchos de quienes hacen ejercicio regularmente e intentan comer correctamente siguen estando cansados y/o enfermos todo el tiempo porque sus tanques físicos están vacíos y nunca los reabastecen. Se debe a que Dios diseñó nuestro cuerpo para un descanso profundo y regular.

En su libro *Sacred Rest*, la Dra. Saundra Dalton-Smith escribe:

«Ninguno de nosotros rinde al máximo cuando está agotado. Nuestro cuerpo no puede funcionar plenamente cuando estamos en una lucha constante por la excelencia, el alto desempeño, la máxima eficacia, y la capacidad óptima. Los efectos de la lucha se conocerán al final. Es tiempo de pasar de nuestro ajetreo diario a la tranquilidad diaria. En la tranquilidad se libera tensión y comienza la recuperación...¿Qué actividades le hacen sentirse vigorizado? ¿Qué hábitos crean una sensación de calma y relajación? Haga un esfuerzo por descubrir lo que le restaura».[13]

El día de reposo es una oportunidad maravillosa de descubrir lo que llena nuestro tanque físico. Cómo es el verdadero día de reposo para el cuerpo variará de una persona a otra. Para la persona que hace un trabajo físico duro para ganarse la vida, una siesta quizá sea lo más beneficioso. Para alguien que está metido en un cubículo de oficina cincuenta horas cada semana, un recorrido por el bosque, un viaje al gimnasio, o incluso arrancar malas hierbas de las plantas quizá sea más restaurador que estar tumbado.

Lo que le reabastece a usted puede cambiar de una semana a otra. Llegue a conocerse a sí mismo y sea guiado por el Espíritu de Dios. Para mí, sentarme en el sofá en pocas ocasiones me resulta relajado. Levantarme y salir a dar un paseo es a menudo lo más vigorizante que puedo hacer. Por otro lado, a veces lo más prudente que se puede hacer es dormir una siesta o irse a la cama temprano para dormir bien toda la noche. Subestimamos el poder del sueño regular y adecuado.

Estamos hechos de espíritu, alma y cuerpo, y estamos diseñados para operar como un todo integrado. Resulta que el ejercicio corporal a veces puede alimentar las tres partes de nuestro ser. Tengo un amigo al que le encanta montar en bicicleta. Si hay una agradable mañana de sábado y él tiene un par de horas para salir en bicicleta por la carretera o por algún sendero

> Estamos hechos de espíritu, alma y cuerpo, y estamos diseñados para operar como un todo integrado.

local, entonces se siente renovado de modo importante. El ejercicio físico de montar en bicicleta abre en cierto modo su mente y su corazón; tiene comunión con Dios, recibe ideas creativas, ¡y regresa a su casa sintiéndose un hombre nuevo!

Todas las cosas que he sugerido son maneras importantes de llenar su tanque físico, pero el enfoque general es descansar en Cristo. Permita que Él le muestre qué recargará su cuerpo.

El tanque emocional

Mis tres hijos están casados y ya tienen hijos. Eso significa que Debbie y yo tenemos una tribu creciente de nietos que disfrutamos inmensamente. Hace poco tiempo, todo nuestro clan visitó un acuario. Fue una gran delicia ver a nuestros nietos encontrar por primera vez peces, tiburones y focas. Después planeamos salir todos a comer. Pregunté a mis hijos: "Bien, muchachos, ¿quieren ir a un lugar de hamburguesas o a un asador de carnes? Yo invito". Bueno, ¡estoy seguro de que podrá imaginar qué opción escogieron! Todos lo pasamos muy bien, y regresé a casa tras un día muy activo sintiéndome totalmente renovado. En palabras del consejero Gary Champan, en su libro éxito de ventas perenne *Los cinco lenguajes del amor*: "Mi tanque del amor estaba lleno". Con los años he aprendido que estar cerca de la familia y los amigos me renueva emocionalmente. Lo que le renueva a usted puede ser algo totalmente distinto.

Tengo un amigo que es más introvertido, y le encanta ir a una tienda de libros grande y echar un vistazo a solas a los pasillos de libros. Quizá compre un libro o tal vez no. Simplemente hay algo en la actividad de explorar el mundo infinito de los libros que alimenta y nutre algo en su interior. Su caso demuestra que la llenura emocional no tiene que costar mucho dinero. Quizá un día paseando por una tienda de antigüedades o de objetos de segunda mano llena su tanque, incluso si no compra nada. O quizá sea ir a un parque, un museo o una galería de arte lo que le da lo que usted necesita. Pida al Señor que le muestre qué funcionará para usted.

> Pida al Señor que le muestre qué funcionará para usted.

Al mismo tiempo, preste atención a esas cosas que agotan su tanque emocional. En este punto necesito repetir mi advertencia sobre el Internet y las redes sociales. Las noticias televisivas deberían añadirse a esta lista. Todos estos tipos de medios es probable que le indignen, le inquieten, le asusten o le hagan estar triste. Cada una de estas emociones son una retirada, no un depósito, en su tanque emocional. Indignación, inquietud, temor y tristeza nunca pueden hacer otra cosa sino agotar aún más sus reservas emocionales ya agotadas.

Cuando esté viendo cualquier tipo de "entretenimiento" televisivo, sea consciente de los tipos de emociones que se crean en usted mientras los ve. Hágase la pregunta: ¿es ese entretenimiento coherente con las instrucciones de Pablo a la iglesia filipense?

«Por lo demás, hermanos, todo lo que es verdadero, todo lo honesto, todo lo justo, todo lo puro, todo lo amable, todo lo que es de buen nombre; si hay virtud alguna, si algo digno de alabanza, en esto pensad».[14]

¿Está consumiendo su tanque emocional el efecto neto de su consumo de medios a lo largo de la semana? Si es así, le aliento a que entregue esta área al Señor y le pida otras maneras de entretenerse que no vayan en contra de su descanso. Y en su día de reposo, sigo defendiendo simplemente desconectar de todo lo electrónico. Necesitamos tranquilidad. Necesitamos romper adicciones y dependencias.

También sugiero que piense analíticamente y en oración sobre sus relaciones. Hay personas y relaciones que agotan su tanque emocional. Hay personas tóxicas en el mundo, y tienden a fomentar las relaciones tóxicas. Ore con respecto a limitar su exposición a tales personas. Si no es posible limitarlas, aprenda a lidiar con relaciones difíciles a fin de proteger su salud emocional. La guía del Espíritu Santo en esta área no tiene precio, y está siempre disponible.

El tanque mental

Mencioné en un capítulo anterior que a menudo leo libros en mi día de reposo que no tienen relación alguna con mi trabajo o llamado. Es demasiado fácil volver a caer mentalmente el modo trabajo si estoy leyendo sobre el liderazgo o ministerio, pues poco después estoy aplicando mentalmente lo que leo a mis retos y oportunidades,

¡y antes de darme cuenta estoy estresado e intentando resolver problemas! Como contraste, libros de los géneros de historia, ficción y aventuras me llevan a lugares donde nunca he ido y alimentan mi mente. Sin embargo, invariablemente aprenderé o encontraré algo en esos libros que pueda aprovechar para una estupenda ilustración de un sermón o que desencadene una manera nueva de abordar un problema. Pero esa no es la razón de mi lectura. Leo por la mera alegría de hacerlo, pero el resultado es que afila mi hacha mental.

Compartí antes sobre la primera vez que le hice al Señor la pregunta: "¿Qué me reabastece?". A su tiempo, Él nos mostró a Debbie y a mí que una de las prácticas que más nos llena es ir a un lugar tranquilo donde podamos relajarnos, leer libros y sentarnos en el porche en mecedoras, actuando como si no hubiera nada en el mundo por lo que preocuparnos. Sinceramente, parte del mejor descanso mental que recibo es cuando no pienso en nada. Paso tiempo mirando a la distancia y abriendo mi mente para recibir las ideas del Señor.

> Hay algo maravilloso en crear espacio para pensar.

Hay algo maravilloso en crear espacio para pensar, no darle vueltas estratégicamente a los problemas o practicar mentalmente próximas conversaciones. Solamente… pensar.

Pídale al Señor que inspire su imaginación y permita que su mente divague. ¡Es renovador!

Si hace que el día de reposo sea una prioridad y lo protege, en palabras de Isaías, si hace que sea su delicia, Dios se encontrará con usted en ese día de manera poderosa y renovadora.

Él proveerá fielmente para usted espiritualmente, físicamente, emocionalmente y mental si tan solo confía en Él lo suficiente para solamente descansar.

Notas

1. Robert Morris, *Más allá de toda bendición: El plan perfecto de Dios para superar todo estrés financiero* (New York: FaithWords, 2019), p. 215.
2. Stephen R. Covey, A. Roger Merrill y Rebecca R. Merrill, *First Things First/Primero, lo primero* (New York: Free Press, 1994), p. 169 (de la versión inglesa).
3. Covey, *Primero, lo primero*, pp. 169–170 (de la versión inglesa).
4. Brady Boyd y Chris Mavity, "Are You Addicted to Busy?", Ministry Labs, 2017, https://resources.churchcommunitybuilder.com/con versations/add icted-to-busy-brady-boyd.
5. Juan 15:5, NTV
6. Isaías 58:13
7. Ver Jeremías 33:3
8. Ver Lucas 14:5
9. Ver Lucas 13:15
10. Ver Mateo 12:12
11. NTV
12. Ver Juan 6:63
13. Saundra Dalton-Smith, *Sacred Rest: Recover Your Life, Renew Your Energy, Restore Your Sanity* (New York: FaithWords, 2017), p. 40.
14. Filipenses 4:8

CAPÍTULO 8

NO TODO SE TRATA DE USTED

El cristiano necesita caminar en paz, de modo que sin importar lo que suceda podrá ser capaz de dar testimonio a un mundo que observa.

—Henry Blackaby

Habían pasado ya tres minutos desde que Rebeca pulsó el botón que apagaba el motor de su auto, y sin embargo seguía sentada tras el volante en el sendero de entrada de su casa. Estaba saboreando unos pocos momentos de silencio y quietud, y preparándose para lo que sabía que le esperaba al otro lado de la puerta de su hogar. NO, no violencia o peligro, nada tan dramático. Por el contrario, dentro de la casa y anticipando con ganas su llegada estaban un buen esposo (Zac) y tres hijos estupendos de edades entre los nueve y los trece años. No, lo único que le mantenía pegada al asiento de su auto durante aquellos minutos extra era el peso de la responsabilidad.

Trabajo. Mucho trabajo. Rebeca no podía recordar cuándo no se sentía agotada. Había estado despierta y sin parar durante trece horas ya, y quedaba aún mucho que hacer antes de poder tumbarse en la cama.

Ese día era normal y típico. Se levantó a las cinco de la mañana, se preparó rápidamente para que ella y Zac pudieran dar el desayuno a los niños, prepararlos y salir para la escuela. Un viaje de cuarenta y cinco minutos por cada trayecto en el tráfico que se detenía y seguía que era un paréntesis en un día largo y frenético haciendo malabares con los horarios y manejando a clientes demandantes. Ahora prepararían juntos la cena mientras Zac ayudaba con las tareas y los proyectos escolares. Finalmente, después de haber bañado a los niños y haberlos metidos en la cama, vieron televisión durante una hora mientras atendían correos electrónicos relacionados con el trabajo. Entonces se derrumbaron en la cama, agotados, y se prepararon para volver a hacer lo mismo mañana.

Los días laborables de Zac no eran menos demandantes o agotadores que los que Rebeca. También él soportaba un largo viaje en medio de un tráfico de pesadilla para ir y volver al trabajo. Entre los conductores lunáticos y frecuentes accidentes que invariablemente parecen detener el discurrir de los autos por la carretera, normalmente llegaba a su trabajo ya enojado y tenso. Regresaba a su casa de la misma manera. Entre aquellos viajes horribles, el empleo que solía gustarle se había vuelto cada vez más pesado. Varios aspectos que solían emocionarlo y vigorizarlo, ahora lo estresaban. Sus compañeros de trabajo solían gravitar hacia él debido a la energía positiva y alentadora que desprendía. Ya no era así. Ahora, si hacían algo, era tender a evitarlo. Quienes se aventuraban a entrar en su oficina se sentían inmediatamente molestos.

La llegada de cada bebé a la familia había sido una causa de alegría muy bienvenida; pero cada adición a la familia también se añadía al peso financiero que sentía Zac. Al mismo tiempo, se sentía culpable por el hecho de que Rebeca tuviera que trabajar fuera de casa, pero ninguno de ellos podía ver otra alternativa. Él se sentía tenso y también irascible en todo momento. Se despertaba frecuentemente en medio de la noche dándole vueltas a cosas relacionadas con el trabajo o sus necesidades como familia. Esa era su nueva normalidad.

Los fines de semana no producían ningún alivio en cuanto al ritmo para ninguno de ellos. Los tres niños estaban involucrados en actividades, y además, los fines de semana eran el único momento en que podían abordar problemas de reparaciones o limpiar la casa y el jardín. Como cristianos, estaban comprometidos con ir a la iglesia todos los domingos, pero últimamente la batalla para sacar a todos de la cama, vestirlos y estar en el auto a tiempo había convertido las mañanas de los domingos en la parte más estresante de la semana. Generalmente, cuando llegaban a la iglesia todos querían separarse unos de otros.

Desde hacía algún tiempo ya, este tipo de oscura tensión se había colado en cada parte de su hogar y de sus vidas. La presión en su matrimonio era obvia para los dos, pero últimamente incluso sus mejores amigos y familiares habían comenzado a observarlo. También lo habían hecho los niños. Ellos siempre habían sido afectuosos y se honraban mutuamente como pareja, pero ahora se gritaban frecuentemente el uno al otro. Ninguno de los dos sentía que el otro estaba supliendo sus necesidades. En otro tiempo, los dos habían sido diligentes para intentar servir y agradar al otro; ahora, lentamente y apenas perceptiblemente, el esposo y la esposa agotados habían llegado a estar más enfocados en sus propias necesidades emocionales y físicas no satisfechas. Los niños captaban el resentimiento que creó todo aquello, y les hacía sentirse ansiosos e inseguros. Como resultado, se alejaban o se portaban mal.

Rebeca se preguntaba cómo habían llegado hasta ese punto. Hubo un tiempo en el que ella y Zac eran ejemplos brillantes de lo que significaba ser cristianos. Su gozo y paz inconmovibles hacía que fueran testamentos vivientes de la bondad de Dios ante sus compañeros de trabajo y familia extendida. Ahora, ninguno de ellos quería que nadie supiera que eran cristianos, simplemente porque no querían ser malos ejemplos para Jesús.

> Su gozo y paz inconmovibles hacía que fueran testamentos vivientes.

"¿Qué nos ha sucedido?", susurró ella mientras respiraba profundamente y alcanzaba el manillar de la puerta.

Ondas que se extienden hacia fuera

Lo que les sucedió a "Rebeca y Zac", una mezcla de muchas personas que he conocido con los años convertidas en una pareja de ficción, es que estaban sufriendo un caso grave de síndrome de deficiencia de días de reposo. En otras palabras, estaban cansados crónicamente. Cada uno de ellos había estado por demasiado tiempo operando con tanques casi vacíos. Estaban viviendo sin margen.

Lo que ilustra esta historia es que ni Zac ni Rebeca fueron los únicos influidos por no entender el poder y la importancia del día de reposo. El agotamiento perpetuo de Zac estaba dañando a su esposa, y el de Rebeca lo dañaba a él. A medida que sufría su matrimonio, lo hacían también sus hijos. Los niños pueden sentir cuando las cosas no están bien entre los padres. La falta de armonía y paz hace que sean temerosos y menos seguros. Además, los padres se encontraban gritando delante de sus hijos en más ocasiones en lugar de corregirlos, formarlos y desarrollarlos. Si Zac y Rebeca no comienzan a descubrir el poder refrescante y renovador del día de reposo, las trayectorias de las vidas de sus hijos podrían verse influenciadas negativamente.

Como las ondas que se forman cuando se lanza una piedra a un lago, los efectos negativos de su agotamiento y su falta de margen impactaron primero en el matrimonio, después en su hogar, pero pronto salieron hacia afuera a las otras áreas de sus vidas.

Sus compañeros de trabajo sin duda observaron el cambio. Muchas de las personas con las que trabajaban Zac y Rebeca antes se habían visto atraídas a su paz y positividad. Hubo un tiempo en el que sus compañeros de equipo y supervisores observaban cómo ellos parecían manejar la adversidad y los reveses con un nivel de calma y gracia que infundía confianza a los demás. En más de una ocasión, un compañero de trabajo había acudido a ellos en privado y les había preguntado: "¿Qué hay en ustedes? Hay algo diferente". Y esa pregunta les daba una oportunidad de compartir su fe. Ahora ya no escuchaban ese tipo de preguntas. Quienes estaban dentro de su círculo de influencia y que sabían que eran creyentes ya no sentían curiosidad por la diferencia que Jesús podían marcar en sus propias vidas. Es un pensamiento que da escalofríos, pero es muy posible que los destinos eternos de numerosas personas dependieran del hecho de que estos creyentes anteriormente vibrantes estuvieran ahora operando crónicamente con tanques vacíos.

Al mismo tiempo, el rendimiento laboral de Zac y Rebeca había comenzado a sufrir. Ambos habían sido antes personas que rendían al máximo para sus respectivos jefes; ahora batallaban tan solo para cumplir con los mínimos estándares aceptables. Confusión mental, olvido, fatiga, y una disposición generalmente agria se unieron para erosionar sus reputaciones de excelencia tan duramente ganadas.

Las ondas se extendían siempre hacia fuera, alcanzando incluso sus futuros. Aunque no podrían haberlo imaginado, el estrés y el agotamiento crónicos estaban comprometiendo su salud y realmente acortando su esperanza de vida. Dios había planeado que los dos vivieran vidas largas y productivas en su servicio, impactando a cientos de miles de personas para el reino a lo largo del camino. Lo mejor y más elevado que Dios tenía para ellos era cumplir la promesa de Salmos 91:16: "Lo saciaré de larga vida, y le mostraré mi salvación". Pero a menos que descubran el poder del día de reposo y confíen en Dios lo suficiente para entrar en ello, la terrible factura de vivir una vida sin margen y sin descanso acortará significativamente su tiempo en esta tierra. Y en el tiempo que sí tienen, su impacto para la causa de Cristo se verá muy disminuido. El agotamiento estaba destruyendo literalmente su legado y ellos ni siquiera lo sabían.

Lo que esta ilustración nos hace entender es que, aunque el día de reposo es vitalmente importante para usted y para su vida, es igual de importante para quienes le rodean.

> Aunque el día de reposo es vitalmente importante para usted y para su vida, es igual de importante para quienes le rodean.

Mientras más descubre sobre el reino de Dios, más aprende que nunca se trata de usted. Si no está descansando regularmente ni profundamente, no va a ser la mejor persona que puede ser. Esto, a su vez, afecta todas las áreas de su vida, a todos los que están en su esfera de influencia, e incluso a la eternidad misma. Es así de importante.

Un mensaje al mundo

Dios les dijo a los israelitas que el día de reposo era una señal y un mensaje. Era una señal para futuras generaciones de que ellos eran un pueblo de pacto, que pertenecía a Dios. Era un mensaje al mundo que decía que son un pueblo bendito porque hacen las cosas a la manera de Dios. Lo mismo es cierto para usted y para

> Tengo un Dios que se interesa por mí y que cuida de mí.

mí. Que honremos el principio del día de reposo envía un mensaje a las personas que nos rodean. Dice: "Tengo un Dios que se interesa por mí y que cuida de mí". Pero los efectos positivos y las bendiciones del día de reposo también envían un mensaje. Su vida buena, feliz y en paz resplandece. Recordemos lo que Jesús les dijo a sus seguidores:

«Vosotros sois la luz del mundo; una ciudad asentada sobre un monte no se puede esconder. Ni se enciende una luz y se pone debajo de un almud, sino sobre el candelero, y alumbra a todos los que están en casa. Así alumbre vuestra luz delante de los hombres, para que vean vuestras buenas obras, y glorifiquen a vuestro Padre que está en los cielos».[1]

Es cierto. Su vida está hablando todo el tiempo, e incluso cuando usted ignora la sabiduría de Dios con respecto al descanso y experimenta las mismas consecuencias negativas que todos en el mundo están experimentando, su vida sigue hablando. Pero no está diciendo nada bueno sobre lo que significa tener una relación con Dios. Jesús *no* dijo: "Que su estrés y agotamiento sean tan evidentes para otras personas, que no quieran saber nada del Dios al que ustedes afirman servir".

Sí, honrar el día de reposo habla al mundo. Y el poder y las bendiciones sobrenaturales que llegan por honrar el día de reposo, también hablan al mundo. Uno de los mayores testamentos de esa verdad que jamás haya oído viene por medio de una empresa de un dueño cristiano durante la Segunda Guerra Mundial.

Convicciones probadas

«¿Cuántas lanchas puede construir en diecinueve días?».

Esas eran las palabras que había en el telegrama urgente que llegó hasta el escritorio de Ralph Meloon, presidente de Correct Craft, una pequeña fábrica en expansión de lanchas de esquí en Pine Castle (Florida), el 9 de enero de 1945. El remitente del telegrama eran los ingenieros de combate del ejército estadounidense, que preguntaban en nombre del General Dwight D. Eisenhower, Comandante Supremo Aliado de las fuerzas expedicionarias aliadas que batallaban con la Alemania nazi al otro lado del Atlántico.

El general Eisenhower y sus hombres tenían una necesidad acuciante. Desde la exitosa invasión del Día D en junio del año anterior, los ejércitos americano y británico se habían estado abriendo camino peleando, metro a metro, por toda Francia. Los ejércitos alemanes habían peleado ferozmente para defender cada centímetro de terreno, pero se habían visto forzados continuamente a retirarse hacia Alemania. En febrero de 1945, los Aliados habían liberado toda Francia, y las fuerzas alemanas se habían retirado cruzando el río Rin, que sirve como frontera histórica entre Francia y Alemania. Eso significaba que para poder derrotar a Alemania, los aliados ahora tendrían que invadir Alemania. Por primera vez en la larga y sangrienta guerra, soldados alemanes estarían peleando el terreno alemán, defendiendo su tierra natal.

La invasión de Alemania se denominó en código Operación Botín, y los estrategas militares sabían que tenía que suceder rápidamente, por dos razones. En primer lugar, mientras más esperaran, más tiempo daban a los alemanes para estabilizarse y preparar sus defensas. En segundo lugar, las fuerzas aliadas se estaban quedando rápidamente sin provisiones y munición. Era ahora o quizá nunca. No derrotar por completo a Alemania dejaría en el poder a Hitler. Ahora sabemos que aquello habría dejado indefensos a los miles de judíos que morían diariamente en los campamentos de muerte nazis, sin ninguna esperanza de ser liberados.

La invasión de Alemania requeriría obtener rápidamente toneladas de equipamiento y cientos de miles de hombres cruzando el ancho río Rin. Esta tarea había recaído en los ingenieros de combate del ejército, quienes ahora se encontraban en necesidad de 569 "lanchas de ataque": ocho hombres, lanchas de asalto de alta velocidad con motores externos de cincuenta y cinco caballos de potencia que pudieran cruzar rápidamente un río y encallar a velocidad, permitiendo así a los soldados a bordo "atacar" el otro lado. Por eso la empresa de lanchas de esquí de la familia de Ralph Meloon y otros dos fabricantes de lanchas se encontraron hablando con ingenieros del ejército.

Correct Craft normalmente producía unas cuarenta y ocho lanchas al mes (unas doce lanchas por semana, o dos al día). Pero después de orar sobre la petición, la familia Meloon comprometió a su empresa a producir trescientas de las lanchas especializadas, y hacerlo para el 28 febrero. Los Meloon hicieron el compromiso el 10 febrero. Eso requeriría contratar trabajadores para turnos extra y mantener la producción de la fábrica en marcha casi las veinticuatro horas cada día. Incluso entonces, la meta parecía prácticamente inalcanzable. Justo después del telegrama, el Cuerpo de Ingenieros había enviado a consejeros expertos en producción para ayudar a la empresa a prepararse para la tarea aparentemente imposible. El mensaje había llegado un viernes; la decisión de fabricar las lanchas se tomó a la mañana siguiente. No había ni una sola hora que perder, y sin embargo se vieron inmediatamente ante una importante decisión.

Como cristianos comprometidos que eran, la familia Meloon siempre había cerrado la fábrica los domingos. No creían en trabajar el día del Señor y sentían que no era correcto decir a otros que lo hicieran. También cerraban la producción durante una hora aproximadamente cada miércoles para realizar un servicio de capilla para empleados, normalmente dirigido por un pastor local. Los asesores del gobierno dijeron a los Meloon que si tenían alguna esperanza de poder sacar adelante lo que todos ellos pronto llamaban la meta de la "producción milagro", tendrían que mantener la fábrica operativa siete días por semana. El calendario mostraba que había *tres* domingos en su diminuta ventana de tiempo para fabricar trescientas lanchas. La pérdida de tres días productivos de los pocos que les había dado era impensable, pero los Meloon entendían algo sobre el poder sobrenatural de honrar el día de reposo.

Mirando atrás a los acontecimientos unos años después, Ralph Meloon escribió:

«La cuestión [de trabajar los domingos] recibió solamente consideración nominal; habíamos zanjado eso con el Señor hacía mucho tiempo atrás. "No", nuestra intención era cumplir esa tarea de un modo que diera gloria a Dios. El plan de Dios para esta empresa de lanchas no era trabajar siete días por semana, y les hicimos saber a los representantes del gobierno que sabíamos que la tarea era imposible para el hombre solo. Seguiríamos adelante con fe en que Dios intervendría, y por lo tanto intentábamos hacerlo a la manera de

Dios. Si ellos insistían en trabajar los domingos, debían retirar el contrato».[2]

Por favor, observemos que el Sr. Meloon entendía obviamente los mismos principios que estoy compartiendo en este capítulo: que el día de reposo es una señal clave para un mundo que observa.

> El día de reposo es una señal clave para un mundo que observa.

Él veía la postura de fe de su empresa con respecto al día del Señor como la oportunidad de demostrar el poder y la gloria de Dios a los escépticos y los dudosos. No podía imaginar que Dios quisiera que quebrantaran un principio fundamental; por lo tanto, puso a prueba las promesas de Dios y la reputación de Dios. Aseguró a los representantes del gobierno que, con la ayuda de Dios, podrían realizar su cuota a tiempo, pero no mantendría abierta la fábrica el día del Señor.

Aun así, el esfuerzo no produjo un inicio alentador. Tras cerrar la fábrica el primer domingo, el número de lanchas que pudieron completar el lunes fue exactamente de… una. Una lancha. Ahora tenían quince días para fabricar otras 299 lanchas más, y su ritmo actual era de una por día. El martes, triplicaron su producción y fabricaron tres lanchas. El miércoles terminaron otras seis. Se las arreglaron para lograr eso, aunque toda la fabricación pausó en mitad del día el miércoles para realizar su servicio de capilla usual en mitad de semana.

Después de tres días de fabricación, habían producido diez lanchas. Desde luego, seguían intentando contratar y formar a los trabajadores para los turnos adicionales. Aun así, el lento comienzo hizo que el Sr. Meloon y su familia se pusieran de rodillas. Se reunieron en su hogar aquella noche para orar y buscar la sabiduría del

Señor. No tuvieron que esperar mucho tiempo para recibir la respuesta. El Sr. Meloon recuerda:

«Aquella misma noche, mi hermano Walt fue inspirado a aprobar una nueva máquina y un cambio en la plantilla de la maquinaria actual».[3]

La nueva configuración del equipo existente dio como resultado un gran salto en los resultados. Una semana después, los índices de producción volvieron a aumentar otra vez cuando llegó la nueva maquinaria, concebida durante la reunión de oración y construida apresuradamente. El 19 febrero, una semana después del comienzo de sus esfuerzos, el ritmo de producción había aumentado hasta cuarenta y dos lanchas al día. En aquella segunda semana quedó claro para los oficiales del gobierno que, para su profundo asombro, Correct Craft iba a cumplir con su meta de trescientas lanchas antes de la fecha límite. Y lo hacían a la vez que cerraban cada domingo para descansar y adorar.

¿Recuerda las otras dos empresas de lanchas que habían sido contratadas para cumplir con el resto de la petición del General Eisenhower? Se estaban quedando atrás, aunque trabajaban en tres turnos, siete días por semana. Por lo tanto, el gobierno preguntó al Sr. Meloon si su empresa podría ocuparse de otras cien lanchas adicionales para la misma fecha, ascendiendo su total hasta cuatrocientas. Él aceptó, e hicieron que sucediera. De hecho, el pedido completo se entregó antes de la fecha.

Durante las semanas siguientes, el ejército estadounidense llevo más de setecientas lanchas hasta el este de Francia para transportar tropas aliadas cruzando el río Rin; sin embargo, la víspera de Operación Botín, los comandantes de campo del ejército descubrieron que solamente las lanchas de Correct Craft estaban diseñadas correctamente para acomodar los motores necesarios para impulsar las lanchas por el río. Más de trescientas de las lanchas solo pudieron utilizarse como barcas de remos.

Por lo tanto, la noche del 23 de marzo de 1945, bajo la cubierta de un pesado bombardeo de artillería y apoyo aéreo de cerca por parte de las Fuerzas Armadas Reales británicas, las cuatrocientas lanchas fabricadas solamente semanas antes por la fuerza laboral de Ralph Meloon que honró el día de reposo transportaron a miles de soldados americanos a territorio alemán.

Poco después de aquello, la empresa fue galardonada con el premio Army-Navy "E" a la excelencia en la producción, y la prensa apodó aquella hazaña de fabricación con el nombre de "Producción milagro". Fue sin duda un milagro. Meloon escribió después:

«Durante semanas, llegaban personas desde todas partes de Estados Unidos para ver el lugar donde se construyeron cuatrocientas lanchas en quince días sin quebrantar el día del Señor. Para nosotros, fue simplemente una indicación de que el Señor ha honrado una vez más la obediencia de sus siervos».[4]

Tras la guerra, la empresa creció y, en las décadas que siguieron lanzó o adquirió varias otras marcas de lanchas. Actualmente, la empresa de Ralph Meloon permanece como la constructora de embarcaciones más antigua del mundo de posesión familiar. La empresa original se ha expandido para incluir las marcas Bass Cat, Bryant, Centurion, Nautique, SeaArk, Supreme y Yar-Craft. A lo largo de las décadas, la familia ha seguido dirigiendo la empresa en consonancia con los principios bíblicos. Como quizá sepa, una de las muchas promesas de la Biblia para quienes se comprometen a hacer las cosas a la manera de Dios es una larga vida.[5]

El 11 de agosto de 2018, Ralph C. Meloon Sr. falleció a los cien años de edad. Toda una vida de hacer las cosas a la manera de Dios, incluido el honrar el principio del descanso, dio como resultado una vida larga y productiva. Su obituario hablaba de su viaje al hogar celestial de este modo:

> «Él seguramente estuvo acompañado por trompetas resonantes y fue recibido por familiares y amigos amorosos que lo precedieron; muchos de ellos hallaron a Jesús por medio de su vida ejemplar y su testimonio bíblico inquebrantable. Le ha sobrevivido su esposa por 81 años, Betty R. Meloon; tres hijos: Marion L. Abel, Ralph C. Meloon Jr. y Kenneth D. Meloon; nueve nietos, veintiséis bisnietos, y ocho tataranietos».

El Sr. Meloon sabía lo que usted y yo necesitamos entender. No hay nada como hacer las cosas a la manera de Dios. En los periodos más ajetreados y más estresantes, Dios bendecirá nuestro trabajo cuando lo hagamos a su manera. Igual de importante, eso testificará a un mundo que observa que Dios es real, y Él es fiel. Exploremos esa verdad con mayor profundidad.

> En los periodos más ajetreados y más estresantes, Dios bendecirá nuestro trabajo cuando lo hagamos a su manera.

El mundo está observando (y probando)

El libro de Mateo, en los capítulos 5, 6 y 7, presenta extensamente uno de los primeros sermones de Jesús. Lo conocemos como el

Sermón del Monte. Cuando el Señor dio este mensaje, había salido recientemente del desierto tras pasar cuarenta días allí ayunando y siendo probado. Sí, probado. Jesús, por usted y por mí, pasó la misma prueba que falló nuestro antecesor: Adán.

Adán y Eva, sin pecado e inocentes, se encontraron con Satanás y cayeron en su tentación engañosa. Jesús, también sin pecado e inocente, se encontró con el mismo engañador y las mismas mentiras, pero lo despidió frustrado. Pero hubo una gran diferencia entre los dos encuentros, además del resultado.

Adán creyó una falsa promesa en medio de una total abundancia y comodidad. Dios los había ubicado en medio de un huerto extravagante lleno de todo tipo de árbol frutal imaginable. El lugar era verde, estaba bien regado, y era hermoso: un festín para todos los sentidos. Tenían amplio suministro en todos los aspectos. Como contraste, Jesús se encontró con el tentador en medio de un desierto al final de un ayuno de cuarenta días. Mientras que Adán no carecía de nada, Jesús carecía de todo. Aun así, Jesús se mantuvo fiel a Dios y a su misión. No es por accidente que en dos libros diferentes del Nuevo Testamento el apóstol Pablo explica que Jesús es "el segundo Adán", enviado por Dios para deshacer el daño que había hecho el primer Adán.[6]

El primer Adán, mediante su desobediencia, desató la oscuridad y la muerte (corrupción y deterioro) sobre la tierra. Desde entonces en adelante, la oscuridad y la muerte lo impregnaron todo. Entonces llegó Jesús.

Con todo esto en mente, quizá no debería sorprendernos escuchar a Jesús decir esto a sus seguidores en el Sermón del Monte:

«Vosotros sois la sal de la tierra; pero si la sal se desvaneciere, ¿con qué será salada? No sirve más para nada, sino para ser echada fuera y hollada por los hombres».[7]

Con el siguiente aliento, Jesús dice:

«Vosotros sois la luz del mundo... Así alumbre vuestra luz delante de los hombres, para que vean vuestras buenas obras, y glorifiquen a vuestro Padre que está en los cielos».[8]

Jesús hace aquí dos declaraciones con respecto a quienes lo siguen (que somos usted y yo, a propósito). Ustedes son "sal". Y ustedes son "luz". Examinemos las implicaciones de las dos declaraciones de Jesús.

En primer lugar, cuando Jesús dice "vosotros sois la sal", claramente no está sugiriendo que estemos hechos de cloruro sódico, el nombre del componente químico que llamamos sal. Tenemos en nosotros un poco de sal, pero no es mucho. No, el Señor tiene en mente otra cosa. Quizá no sea usted consciente de esto, pero la sal se menciona con bastante frecuencia en la Biblia, especialmente en el Antiguo Testamento.

Por ejemplo, muchas personas se sorprenden al saber que los sacrificios y ofrendas bajo el viejo pacto habían de ser sazonadas con sal. ¡Es cierto! Dios lo ordenó en Levítico:

«*Y sazonarás con sal* toda ofrenda que presentes, y no harás que falte jamás de tu ofrenda *la sal del pacto* de tu Dios; *en toda ofrenda tuya ofrecerás sal*» (énfasis del autor).[9]

Y en Números:

«Todas las ofrendas elevadas de las cosas santas, que los hijos de Israel ofrecieren a Jehová, las he dado para ti, y para tus hijos y para tus hijas contigo, por estatuto perpetuo; *pacto de sal perpetuo es* delante de Jehová para ti y para tu descendencia contigo» (énfasis del autor).[10]

Tengamos en mente que todo lo que Dios hacía que los israelitas hicieran en el Antiguo Testamento tenía un significado especial y un significado simbólico. No hay ningún detalle insignificante en las instrucciones que Dios dio a Israel. Todo señalaba a Jesús o a lo que Jesús establecería en el nuevo pacto. Por lo tanto, cuando oímos decir a Dios "la sal del pacto" y "el pacto de sal", deberíamos tomar nota. ¿A qué está señalando aquí?

Bueno, por una parte, la sal preserva. Desde los primeros tiempos de la civilización humana, la sal ha sido apreciada por su habilidad para preservar alimentos. Hace que las cosas duren, y eso le convierte en simbólico de la eternidad. No es ningún accidente que Dios use la palabra "perpetuo" en conjunto con este mandamiento en el pasaje en Números. Él dijo: "Pacto de sal perpetuo es delante de Jehová". El punto aquí es que hay poder de preservación en estar en pacto con Dios.

> Hay poder de preservación en estar en pacto con Dios.

Quizá haya escuchado el término "la perseverancia de los santos". Ese es un término que pensaron los teólogos para describir la creencia en que quienes son verdaderamente nacidos de nuevo perseverarán; en otras palabras, *se mantendrán* salvos. Bueno, esto está relacionado con eso, aunque es diferente. Esto habla de la *preservación* de los santos. Dios llama a su relación con Israel un "pacto de sal" porque está diciendo: "Yo voy a preservarles; de hecho, tres veces (dos veces en Salmos y una vez en Proverbios) Dios dice: "yo guardo las almas de mis santos".[11]

Yo encuentro consuelo en eso. ¿Y usted? Tenemos tres testigos de la Escritura que testifican del hecho de que Dios nos preserva o guarda si pertenecemos a Él. Eso me dice que mi conexión con Dios no depende de *mi* poder para mantenerme. Depende de la fidelidad de pacto de Dios. Deuteronomio 7:9 nos dice: "...Jehová tu Dios es Dios, Dios fiel, que guarda el pacto y la misericordia a los que le aman y guardan sus mandamientos, hasta mil generaciones". Y en el Salmo 105 leemos: "Se acordó para siempre de su pacto; de la palabra que mandó para mil generaciones".[12]

Además, el poder preservador de Dios no es solamente para esta vida presente; es eterno. Dios preserva nuestra alma para siempre. Viviremos para siempre debido al pacto que tenemos con Dios por medio de Jesucristo.

Por eso Dios ordenó que hubiera sal mezclada con esas ofrendas y sacrificios del Antiguo Testamento. Simbolizaba preservación.

Con esto en mente, volvamos a la declaración de Jesús en el Sermón del Monte. Hablando a sus seguidores, sus discípulos, Él dijo: "Ustedes son la sal de la tierra".

Quizás suena dramático, pero no es ninguna exageración decir que el pueblo de Dios está preservando al mundo. Adán desató deterioro y muerte en el mundo, pero nuestra presencia está manteniendo a raya ese deterioro. Mientras más cristianos tenga una sociedad, menos muerte y deterioro experimenta esa sociedad. He tenido la oportunidad de viajar a muchas partes remotas del mundo, y siempre me quedo atascado cuando voy a una nación o cultura donde el evangelio es relativamente nuevo o la población cristiana es una minoría pequeña. Muerte, opresión, injusticia de impiedad son mucho más prevalentes en todos los casos.

Por eso el rechazo de nuestra cultura de los principios de la fe y la moralidad cristiana es una tragedia. Mientras más rechaza, relega, y prohíbe nuestra cultura el cristianismo en la esfera pública, más muerte y deterioro veremos.

La buena noticia es que aquí en Estados Unidos el pueblo de Dios está en todas partes. Estamos en los salones de clase, los tribunales, las fábricas y las oficinas de ejecutivos. Y en todos los lugares donde vivimos y trabajamos estamos preservando, porque somos sal. ¡Jesús así lo dijo! Como recordará, inmediatamente después de eso Él dijo que también somos algo más: ¡luz! "Ustedes son la luz del mundo".

Desde luego, en más de una ocasión Jesús dijo que Él mismo era la luz del mundo. ¿Cómo podemos reconciliar eso? ¿Es Él la luz del mundo, o lo somos nosotros? Tiene todo el sentido cuando entendemos que, a este lado de la cruz, nosotros estamos *en* Jesús y Jesús está *en* nosotros. ¿No es eso precisamente por lo que Él oró en lo que ha llegado a conocerse como su oración sumo sacerdotal en Juan 17? Solamente horas antes de ser arrestado y llevado a la cruz, Jesús oro que Él y sus seguidores fueran uno al igual que Él y el Padre había sido "uno".

«Mas no ruego solamente por éstos, sino también por los que han de creer en mí por la palabra de ellos, para que todos sean uno; como tú, oh Padre, en mí, y yo en ti, que también ellos sean uno en nosotros; para que el mundo crea que tú me enviaste».[13]

Por eso nosotros somos la luz del mundo. La verdadera luz del mundo está en nosotros, y nosotros estamos al mismo tiempo en Él. El hecho es que usted y yo somos la única luz que tiene este mundo. Como nos recuerda Juan 1:5, la oscuridad no puede prevalecer sobre la luz. La luz disipa la oscuridad. Y al igual que con nuestro papel de "sal" en la tierra, esto significa que somos la respuesta a toda la desgracia y fealdad que desató el pecado sobre la tierra en la caída de Adán.

> Usted y yo somos la única luz que tiene este mundo.

Somos sal y somos luz. Preservamos e iluminamos. Evitamos la corrupción y disipamos la oscuridad. Hacemos que la vida sepa mejor, y mostramos el camino.

No puedo evitar observar que Jesús siguió su declaración sobre la sal y la luz con un par de advertencias. Con respecto a la sal, Él dijo que si pierde su "sabor" ya no es buena para nada sino para ser desechada y pisoteada. En tiempos de Jesús, eso es precisamente lo que se hacía con la sal que se había malogrado y ya no podía utilizarse para preservar o dar sabor a la comida. La sacaban y la lanzaban sobre senderos para evitar que crecieran malas hierbas. Las plantas no pueden crecer en terreno salino. Quienes escuchaban a Jesús sabían exactamente de lo que estaba hablando. ¡Sabían que la sal que no tiene sabor literalmente terminaría siendo pisoteada bajo los pies de la gente!

De modo similar, inmediatamente después de decir: "Ustedes son la luz del mundo", Jesús señaló que no tiene sentido encender una lámpara y después taparla con una cesta. Ninguna persona en sus cabales haría eso. Por el contrario, Jesús señaló que si nos tomamos todas las molestias para encender una lámpara, la situamos en un lugar elevado y bien visible para que su luz pueda brillar todo lo lejos posible.

En ambos casos, Jesús está diciendo que, como sal y luz, nuestro papel es preservar e iluminar. Y si usted no está haciendo eso, está fallando en una razón fundamental por la que Dios le tiene en este mundo.

> Nuestro papel es preservar e iluminar.

Muchas cosas pueden evitar que creyente brille. Hay muchas razones posibles por las que un cristiano podría perder el impacto preservador que tiene dentro de su zona de influencia, pero sé un modo seguro: ignorar el principio del día de reposo. No descansar regularmente. Ir arrastrándose durante el día quemado, estresado y agotado. Convertirse en el tipo de cristiano sin gozo, sin poder, sin paz y sin victoria que Satanás espera que usted sea, simplemente porque sus cuatro tanques están vacíos perpetuamente.

Hay demasiados creyentes que viven sus vidas de ese modo. El agotamiento les ha convertido en la sal que ha perdido su sabor. La falta de margen ha escondido su luz debajo de una cesta y, como resultado, el mundo que les rodea es más corrupto, un lugar más oscuro de lo que debería ser. Qué tragedia.

Progresar al alejarnos

¿Puede ver ahora que no se trata solamente de usted? ¿Entiende que una negativa a descansar y recargar no solo le roba *a usted* la buena vida que Dios quiere que experimente, sino que también daña a las personas que más ama: su cónyuge, sus hijos y sus amigos? Les roba la versión de usted maravillosa y llena de gracia que necesitan en sus vidas. ¿No se merecen ellos lo mejor de usted? ¿Su yo descansado? En su libro *Sacred Rest*, la Dr. Sandra Dalton-Smith tenía esto en mente cuando escribió:

> «Nunca más quiero llevar las toxinas de mi vida laboral al santuario de mi hogar. He convertido esto en una parte clave de mi estrategia personal de reposo. Mi hogar y mi vida están lejos de ser perfectos, pero vale la pena que los proteja de la falta de descanso…Mi esposo no se convertirá en mi vertedero para las decepciones del día. Mis hijos no serán mi pared de desahogo. Mi familia cosechará las recompensas de mi cabeza y mi corazón señalando la misma dirección».[14]

Sin embargo, como hemos visto, no son solamente sus seres queridos quienes necesitan lo que solamente usted puede proveer cuando está descansado y renovado. Como las ondas en un lago que se extienden hacia fuera, sus compañeros de trabajo y todas las personas con las que se encuentra a medida que transcurren sus días, pueden ser influenciadas positivamente por la vida de Dios en su interior, pero solamente si está dispuesto a progresar y alejarse para tomar tiempo regular para renovarse y recargar. El hecho es que para algunos que se cruzan en su camino, sus destinos eternos realmente dependen de encontrarse con la versión de usted descansada. Están aquellos dentro de su esfera de influencia que quizá solo sean alcanzados para Cristo por medio de la sal y la luz de usted.

Sí, el descanso es un regalo que Dios le pide que se conceda a usted mismo. Si, Él quiere que esté sano, completo y bendito. Pero no se trata solamente de usted.

Notas

1. Mateo 5:14–16
2. Ralph C. Meloon, Sr., "Miracle in Boats", SUNDAY Magazine, 1946.
3. Meloon, "Miracle in Boats"
4. Meloon, "Miracle in Boats"
5. Ver Deuteronomio 5:33, por ejemplo
6. Ver Romanos 5:12–21; 1 Corintios 15:20–28, 47–49
7. Mateo 5:13
8. Mateo 5:14–16
9. Levítico 2:13
10. Números 18:19
11. Salmos 31:23; Salmos 97:10; Proverbios 2:8
12. Salmos 105:8
13. Juan 17:20-21
14. Saundra Dalton-Smith, *Sacred Rest: Recover Your Life, Renew Your Energy, Restore Your Sanity* (New York: FaithWords, 2017), p. 205.

CAPÍTULO 9

DESCANSO Y HUMILDAD

Una vez más, nunca piense que puede vivir para Dios
mediante su propio poder o fuerza; mírelo siempre a Él
y confíe en Él para obtener ayuda, sí, para toda la fuerza
y la gracia.

—David Brainerd, misionero

Al acercarnos al final de este estudio, es momento de confrontar
el gigante que se interpone entre usted y el estilo de vida de reposo
transformador que Dios quiere que disfrute.

Como hemos visto, hay muchas razones por las que los cristianos
no incorporan totalmente la bendición del día de reposo a sus vidas.
De hecho, a menudo parece que el mundo entero conspira para
mantenernos ocupados, estresados, distraídos, y en movimiento
constante. La cultura no quiere que descansemos. El enemigo de
nuestra alma sin duda no quiere que descansemos. Y con frecuencia, *nosotros* no queremos realmente descansar.

Ya hemos examinado muchas de las fuerzas que alejan nuestra
mente y corazón de una relajación regular y renovadora con Dios.
La avaricia es una de ellas. Queremos tener cada vez más, y no
confiamos en que Dios nos dé aumento a su manera. El temor es

también otra fuerza importante. ¿Qué tendemos a temer con respecto al descanso?

- Quedarnos atrás
- No conseguir hacer todo
- No ser ascendidos o reconocidos
- Defraudar a los demás
- Incurrir en la desaprobación de los demás
- Ser considerados perezosos

Pero incluso la avaricia o el temor ocupar un asiento trasero ante un obstáculo en particular para disfrutar de un reposo pleno y total que engloba todo nuestro ser: cuerpo, alma y espíritu. El gigante que se interpone entre nosotros y todas las bendiciones de estar en pacto con Dios es la némesis más antigua de todas. Estuvo en la raíz del pecado del primer hombre. Incluso causó que Satanás cayera del cielo cuando era un arcángel. Y fue una de las tres tentaciones con las que Satanás intentó atrapar a Jesús y fracasó. Estoy hablando del orgullo.

Así es, el pecado de orgullo es con frecuencia lo primero que se interpone entre el pueblo de Dios y las bendiciones del día de reposo. Aceptar el descanso del día de reposo requiere un reconocimiento de que somos dependientes de Dios *y* una disposición a depender de Él. El orgullo no permitirá ninguna de estas cosas. Con palabras sencillas, hay algo profundamente enraizado en el hombre caído que quiere decir: "¡Mírenme! ¡Yo mismo lo hice!". Desde que fuimos expulsados del huerto, algo en nuestro espíritu huérfano nos ha impulsado a agarrar, arañar y aferrarnos desesperadamente a sentirnos importantes. Todo esto da como resultado que nos comparemos constantemente con los demás.

En otras palabras, queremos *gloria*. Queremos ser *glorificados* ante los ojos de los demás. Este fue el catastrófico engaño de Lucifer. No estaba satisfecho con reflejar la gloria de Dios; quería la gloria para sí mismo.

Recordará que en el capítulo anterior vimos que Jesús declaró que usted y yo somos "la luz del mundo". Miremos con nuevos ojos la exhortación con la cual nuestro Señor siguió esa declaración:

«Así alumbre vuestra luz delante de los hombres, para que vean vuestras buenas obras, y *glorifiquen a vuestro Padre que está en los cielos*» (énfasis del autor).[1]

¿Lo ve? La vida y la luz de Dios en nuestro interior mediante el milagro del nuevo nacimiento han de dar gloria a Dios, y no a nosotros mismos. Las bendiciones que disfrutamos, los logros que alcanzamos, las buenas obras que hacemos, todo ello señala a las personas hacia nuestro maravilloso Padre celestial. Dios quiere bendecirnos porque nos ama, ¡pero también para que personas que no lo conocen a Él quieran conocerlo! Los incrédulos deberían mirar nuestras vidas y decir: "La relación de esta persona con Dios luce maravillosamente. Está contenta, tiene paz, es bendecida, y mejora cada lugar donde va. El Dios al que pertenece debe ser bueno. ¡Yo también quiero conocerlo!".

> Dios quiere bendecirnos porque nos ama, ¡pero también para que personas que no lo conocen a Él quieran conocerlo!

Por eso Dios hizo que fuera tan importante el día de reposo para su pueblo del viejo pacto. Recordará que tenía que servir como señal. El departamento de autopistas pone señales de límite de velocidad en intervalos regulares a lo largo de la autopista porque todos los conductores necesitan un recordatorio periódico de cuál es el límite legal de velocidad. De modo similar, un día de reposo semanal era un recordatorio regular y recurrente de que ellos tenían una dependencia de pacto de Dios, que pertenecían a Él, y que Él era su proveedor y cuidador supremo, y no su propia astucia y fortaleza. El día de reposo era también una señal para los extranjeros. Cuando extranjeros y vecinos vieran que los israelitas se refrenaban de trabajar un día de la semana, y sin embargo prosperaban, verían un testimonio viviente de la bondad y fidelidad de Dios.

Repito: el impulso en nuestro interior de ignorar todo eso es el orgullo. Queremos sentir que nosotros lo hicimos. Queremos el mérito. Queremos, si no toda, al menos parte de la *gloria*. Sin embargo, como estamos a punto de ver, no hay ningún lugar para eso cuando se trata de estar en pacto con Dios. En Isaías 42:8 Dios dice: "Yo Jehová…y a otro no daré mi gloria".

Cuando Dios dice "descansa", lo dice de veras.

La siesta de Abram

Abram está a punto de consumar el mayor trato de negocios de toda su vida. Como muchos jefes tribales beduinos que recorrían el Oriente próximo alrededor del año 2000 a. C., él era un pastor de ganado y un mercader sabio. Como tal, habían negociado más acuerdos, tratos y pactos de los que podía contar en sus más de ochenta años. Pero recientemente se había acercado a él inesperadamente alguien muy distinto a cualquier otro con quien hubiera hecho negocios antes, con una proposición diferente a cualquier otra.

Varios años atrás, Abram recibió una visita sorpresa del Dios del universo, el Creador de cielos y tierra. Fue una sorpresa porque Abram, al haberse criado en un lugar llamado Ur de los caldeos, donde la religión dominante era la adoración de un dios falso de la luna llamado Sin, ni siquiera sabía que Dios existía. Sin embargo, Dios vio algo en el corazón y el carácter de Abram que hacía de él la elección ideal para una proposición en particular.

La proposición era esta: Dios haría de Abram una gran nación, multiplicando su descendencia hasta el punto de ser rival del número de las estrellas del cielo o los granos de arena en la orilla de la playa. Y también, mediante uno de sus descendientes, serían benditas todas las naciones de la tierra. Esa era una oferta bastante importante; por lo tanto, ¿cuál era la parte de Abram en este trato? Su parte era creer. Eso era todo. Su lado del acuerdo era creer que Dios haría lo que había prometido hacer. Ese resulta ser el rasgo de carácter que Dios había observado en Abram en un principio: "Aquí está un hombre que creerá en mí. Contaré eso como justicia del pacto", se dijo Dios para sí.

Esta promesa de descendientes innumerables es un trato particularmente grande para Abram, porque ya está entrado en años y no tiene hijos. Él y su esposa Sarai no han sido capaces de concebir; por lo tanto, lo que Dios está prometiendo aquí no es nada menos que un milagro extraordinario.

Ahora bien, en esa época, un acuerdo tan monumental requería claramente una ceremonia de pacto. Y adecuadamente, Dios dijo a Abram que reuniera los elementos necesarios para el ritual, dándole una lista de la compra: "Tráeme una becerra de tres años, y una cabra de tres años, y un carnero de tres años, una tórtola también, y un palomino".[2] Abram, al estar muy familiarizado con estas ceremonias solemnes, sabía lo que se requería. Probablemente había sido testigo de ceremonias de corte de pacto y probablemente había participado en algunas. Esos animales serían todos muertos y cortados por la mitad; entonces las dos mitades de cada animal serían separadas y situadas a poca distancia, todas en fila, formando lo que representaba una senda o pasillo. Entonces las dos partes del pacto caminaban del brazo por ese pasillo, profesando su compromiso, fidelidad y lealtad al acuerdo. En esencia, las dos partes estaban diciendo: "Lo que se ha hecho estos animales me sea hecho a mí si alguna vez rompo este acuerdo".

Cuando se aproximaba la puesta del sol el día señalado de la ceremonia, Abram había adquirido y preparado todos los animales, y tenía todo a punto. Estaba listo y dispuesto a caminar entre aquellos pedazos con su nuevo compañero de pacto, pero entonces las cosas adoptaron un giro inesperado. ¡Dios hizo dormir a Abram! Como nos dice el capítulo 15 de Génesis: "Mas a la caída del sol sobrecogió el sueño a Abram...".[3] Esto es parecido a que el novio deje fuera de juego a la novia cuando están a punto de declarar sus votos.

Entonces, mientras Abram dormía, la ceremonia siguió adelante sin él:

«Y sucedió que puesto el sol, y ya oscurecido, se veía un horno humeando, y una antorcha de fuego que pasaba por entre los animales divididos. En aquel día hizo Jehová un pacto con Abram, diciendo: A tu descendencia daré esta tierra, desde el río de Egipto hasta el río grande, el río Eufrates».[4]

Dos objetos simbólicos atravesaron los pedazos de los animales sacrificados para sellar el pacto entre Dios y Abram: un horno humeando y una antorcha de fuego. Un objeto representaba a Dios en el acuerdo, mientras el otro representaba...bueno, a un apoderado. Alguien estuvo en lugar de Abram y se hizo Él mismo el garante del pacto por Abram. Verá, un ser humano caído, pecador y con defectos realmente no podía entrar

Alguien estuvo en lugar de Abram y se hizo Él mismo el garante del pacto por Abram.

por sí mismo en este tipo de pacto íntimo con un Dios santo, pues lo habría estropeado todo. Abram descubrió que su parte en todo aquello era creer y *descansar*. Tan importante era la parte del descanso, ¡que Dios le hizo dormir!

Si conoce el resto de la historia de Abram, sabrá que unos años más adelante su descanso y creencia fueron un poco sacudidas mientras él esperaba a que Dios comenzara a cumplir su promesa. Él y su esposa Sara se impacientaron, e intentaron trabajar para intentar ayudar a Dios. La *obra* de Abram dio como resultado a Ismael. En los siglos posteriores, los descendientes de Ismael se multiplicaron convirtiéndose en un pueblo inmenso. Muchos creen que él es el padre de todos los pueblos árabes del mundo. No debería sorprendernos ver que los descendientes de Ismael se multiplicaron. Dios anteriormente había hecho su promesa a Abram de que su descendencia sería como la arena del mar y las estrellas del cielo. Esa bendición declarada estaba ahí y en efecto, aunque Ismael no era lo que Dios tenía en mente. Aun así, él era descendencia de Abram y, como resultado, la bendición de multiplicación de Dios estaba sobre él. Sin embargo, él no era el hijo prometido cuya descendencia bendeciría un día al mundo entero. Abram tenía que volver a descansar y confiar en Dios para ver nacer al hijo de la promesa del pacto. Lo hizo, y el resto es historia de redención.

Queda un reposo

Creo que es significativo que Dios hiciera dormir a Abram en el momento crítico de entrar en un pacto con él. El pacto abrahámico era un precursor del tipo de pacto lleno de promesas que Dios haría algún día con usted y yo. No hay manera alguna en que nosotros los seres humanos pecadores y caídos pudiéramos entrar en un pacto de promesa con un Dios santo y puro. Por lo tanto, Dios envió un representante, su Hijo Jesús, para que caminara por nosotros entre los pedazos. Sí, durante la siesta de Abram, fue el Hijo de Dios quien estaba allí en su lugar, caminando al lado de Dios en medio de aquellas mitades de animales.

Esa no era la primera vez que Dios había hecho dormir a alguien para así poder bendecirlo y cumplir una promesa. Recordará que, en los primeros capítulos de Génesis, Dios le dijo a Adán: "No es bueno que el hombre esté solo".[5] Esta fue la única parte de toda la actividad creativa de Dios que Él no declaró "buena". Como respuesta, Dios le dice a Adán que va a hacerle una ayuda idónea. Para hacer eso, hace que Adán caiga en un sueño profundo. Cuando despertó, la promesa de Dios se había cumplido. Dios no quiso la ayuda de Adán. La palabra hebrea traducida como "sueño profundo" en Génesis 2 es *tardemah*. ¿Le sorprendería saber qué es la misma palabra utilizada en el hebreo original para describir el sueño que cayó sobre Abram en su ceremonia de pacto con Dios?

Cuando Dios intenta hacer algo que solamente Él puede hacer, nuestra parte es siempre descansar y confiar. Sí, debemos obedecer cuando Dios nos da una instrucción. Abram tuvo que obedecer la directiva de Dios de ir y preparar los animales necesarios para la ceremonia de pacto; pero cuando se trata de producir los resultados de las promesas de pacto de Dios, Él nos quiere en una postura de descanso. ¿Por qué? ¡Porque la gloria le pertenece a Él!

> Cuando Dios intenta hacer algo que solamente Él puede hacer, nuestra parte es siempre descansar y confiar.

El escritor de Hebreos tenía claramente esta verdad en mente cuando escribió el pasaje que dice: "Por tanto, queda un reposo para el pueblo de Dios... Procuremos, pues, entrar en aquel reposo...".[6] Ya hemos visitado este pasaje varias veces; sin embargo, siguen habiendo más oro que sacar, especialmente cuando se trata de entender cómo descansar totalmente en la obra terminada de nuestro representante de pacto: Jesucristo.

Es útil recordar que, como sugiere el título de este libro, "Hebreos" fue escrito principalmente a judíos en el primer siglo que habían aceptado recientemente a Jesús como Mesías y a judíos que lo estaban considerando. En general, el libro es una potente presentación de cómo todos los tipos y sombras del viejo pecto señalaban a Jesús, y cómo Jesús era y es el cumplimiento de la Ley. En otras palabras, Hebreos establece el caso para el pueblo judío de que el nuevo pacto en Jesús es superior en todos los aspectos al viejo pacto, con mejores promesas y un Sumo Sacerdote mejor. En el capítulo 3, el escritor comienza a advertir a sus lectores judíos de que enfrentan una decisión muy similar a la que enfrentaron sus ancestros que estaban acampados en el límite de la tierra prometida.

Les recuerda que toda una generación no pudo entrar en el reposo de establecerse en Canaán. Citando el Salmo 95, cita a Dios diciendo:

«Cuando oigan hoy su voz, no endurezcan el corazón como lo hicieron los israelitas cuando se rebelaron, aquel día que me pusieron a prueba en el desierto.

Allí sus antepasados me tentaron y pusieron a prueba mi paciencia a pesar de haber visto mis milagros durante cuarenta años.

Por eso, estuve enojado con ellos y dije: "Su corazón siempre se aleja de mí. Rehúsan hacer lo que les digo". Así que en mi enojo juré: "Ellos nunca entrarán en mi lugar de descanso"».[7]

El escritor aquí declara con crudeza, claridad y urgencia que sus lectores enfrentan la misma decisión. Pueden creer la proclamación de la Palabra de Dios sobre Jesús, aceptarlo a Él y entrar en la tranquila tierra prometida del nuevo nacimiento en el reino de Dios; o por la incredulidad, pueden ser como esa generación sobre la cual Dios declaró: "Ellos nunca entrarán en mi lugar de descanso". El capítulo 3 concluye con estas palabras: "Y vemos que no pudieron entrar a causa de incredulidad". Como he dicho repetidas veces a lo largo de este libro, aceptar el principio del día de reposo es un paso de fe. Requiere confianza en Dios y fe como la de un niño en su poder y su disposición para proveer.

Sin embargo, hay otra dimensión muy importante del día de reposo. Como la verdad sobre la invitación de Dios a descansar físicamente y mentalmente, es una muy buena noticia si la recibimos.

Reposar de obras muertas

El capítulo 4 es una firme advertencia, en particular para los lectores judíos de esta carta pero también para todas las personas en todo lugar, a no pasar por alto esta tierra prometida de reposo, nueva y definitiva, que Dios pone a nuestra disposición mediante la fe en Jesús. Él ruega: "Queridos hermanos y hermanas, ¡por favor no cometan el mismo error que cometieron sus padres en el desierto!".

«Todavía sigue vigente la promesa que hizo Dios de entrar en su descanso; por lo tanto, debemos temblar de miedo ante la idea de que alguno de ustedes no llegue a alcanzarlo. Pues esta buena noticia—del descanso que Dios ha preparado— se nos ha anunciado tanto a ellos como a nosotros, pero a ellos no les sirvió de nada porque no tuvieron la fe de los que escucharon a Dios. Pues solo los que creemos podemos entrar en su descanso».[8]

El escritor señala entonces que el día de reposo fue modelado por primera vez por Dios mismo al final de su actividad de creación de seis días. Entonces hace un resumen con una poderosa declaración que ya hemos observado en más de una ocasión. "Por tanto, queda un reposo para el pueblo de Dios".[9] Lo que no hemos examinado de cerca son los dos versículos explicativos que siguen inmediatamente esa proclamación:

«Porque el que ha entrado en su reposo, también ha *reposado de sus obras*, como Dios de las suyas. Procuremos, pues, entrar en aquel reposo, para que ninguno caiga en semejante ejemplo de desobediencia» (énfasis del autor).[10]

Leamos de nuevo estos versículos y recordemos que la palabra hebrea que está en la raíz de nuestra palabra "sabat" es *shabbat*, que significa literalmente "cesar". *Shabbat* es detenerse. Abandonar. De modo que la declaración de que Dios cesó de sus obras significa literalmente que Dios descansó (*sabat*-eó). Tenga eso en mente.

Finalmente, tras recordarnos que Dios lo ve todo y lo sabe todo, concluye el capítulo con una de las promesas más preciosas y consoladoras de toda la Escritura:

«Por tanto, teniendo un gran sumo sacerdote que traspasó los cielos, Jesús el Hijo de Dios, retengamos nuestra profesión. Porque no tenemos un sumo sacerdote que no pueda compadecerse de nuestras debilidades, sino uno que fue tentado en todo según nuestra semejanza, pero sin pecado. Acerquémonos,

pues, confiadamente al trono de la gracia, para alcanzar misericordia y hallar gracia para el oportuno socorro».[11]

Como Dios nos ha imputado e impartido la justicia de Jesús en el
nuevo nacimiento, el trono celestial al
que nos acercamos como creyentes no
es un trono de juicio; no es un trono de
enojo, ira o condenación. No, cuando
nos acercamos a nuestro Padre celestial, nos acercamos al "trono de la gracia". ¡El evangelio es realmente buenas
noticias!

> Cuando nos
> acercamos a
> nuestro Padre
> celestial, nos
> acercamos al
> "trono de la gracia".

El escritor resume este pasaje sobre encontrar "reposo" en la
nueva "tierra prometida" del nuevo pacto diciendo que esta verdad es
realmente una verdad básica y fundamental del evangelio. Las primeras
palabras del capítulo 6 de Hebreos dicen:

«Por tanto, dejando ya *los rudimentos de la doctrina* de Cristo,
vamos adelante a la perfección; *no echando otra vez el fundamento del arrepentimiento de obras muertas*, de la fe en Dios...»
(énfasis del autor).

¿Qué quiere decir el escritor con "no echando otra vez el fundamento del arrepentimiento de obras muertas"? La clave es entender
que estaba hablando a un pueblo judío que había aprendido toda
su vida que tenía que esforzarse y batallar (trabajar) para ganarse la
aceptación de Dios. Como vemos en el modo que Jesús era criticado
por haber sanado el día de reposo, los rabinos, fariseos y maestros
de la Ley habían convertido la pureza de la fe del viejo pacto en un
esfuerzo (trabajo) aplastante y pesado para merecer la aceptación y

aprobación de Dios. El escritor de Hebreos está diciendo que este pacto nuevo y mejor es como el que hizo Abram con Dios. Aunque suena demasiado bonito para ser verdad, bajo este nuevo pacto no trabajamos o hacemos méritos para ganarnos una relación con Dios. Tendremos que ir a dormir (descansar) y dejar que un representante (Jesús) sea quien sostenga nuestra parte del acuerdo.

De hecho, intentar ganarlo o merecerlo por nosotros mismos nos descalifica realmente de poder entrar en él. Eso es lo que quería decir el escritor con "arrepentimiento de obras muertas". Tenemos que arrepentirnos de intentar llegar a tener una relación con Dios trabajando para ello. Tenemos que cesar (*shabbat*) nuestras labores religiosas. En cambio, simplemente creemos la buena noticia y confiamos en la habilidad de Jesús para ocuparse de nuestra parte. Esto es posible espiritualmente porque, como enfatiza repetidamente Pablo en sus cartas, mediante el nuevo nacimiento estamos en Cristo y Cristo está en nosotros. Ambas cosas son ciertas al mismo tiempo. Obtenemos el mérito del cumplimiento perfecto de Jesús del lado humano de nuestro pacto con Dios porque estamos en Él y Él está en nosotros. Nos hemos hecho uno con Jesús tal como Él oró para que sucediera en la oración sumo sacerdotal.

Por eso el escritor de Hebreos advierte claramente y repetidamente a sus lectores sobre no entrar en el reposo que queda para el pueblo de dos. Repasemos. Con respecto al día de reposo, cesar nuestros esfuerzos fútiles para calificarnos para la aceptación de Dios, él dice:

- La incredulidad evitará que entremos en este reposo (Hebreos 3:19)
- Es apropiado preocuparnos por no haber entrado plenamente en él (Hebreos 4:1).

- Entrar en este reposo significa que cesamos de nuestros esfuerzos así como Dios lo hizo (Hebreos 4:10)
- Necesitamos ser diligentes para entrar en él (Hebreos 4:11)
- El arrepentimiento de obras muertas es una clave básica y fundamental para vivir la vida cristiana; tan elemental como lo es la leche para un bebé (Hebreos 5:12–6:1)

Por lo tanto, entrar en las bendiciones del pacto significa, en un sentido, ir a dormir y permitir que Jesús recorra nuestro lado del pacto en nuestro lugar. También significa que somos fructíferos como creyentes del mismo modo en que llegamos a ser uno al principio; es decir, descansando en el desempeño de Jesús de los requisitos del pacto. Entramos con humildad y gratitud en una posición de reposo, y permanecemos en una posición de reposo.

Quizá ahora comience a entender por qué el orgullo es un principal obstáculo para entrar en un estilo de vida de reposo. Hacerlo requiere humillarnos a nosotros mismos y admitir ante nosotros mismos y ante Dios que no podemos hacerlo y que la única parte que desempeñamos es creer. El orgullo aborrece eso. El orgullo quiere pagar. El orgullo quiere ganar. El orgullo quiere poder compararse a sí mismo con otros, sacar pecho y decir: "Yo hice más de lo que hicieron ellos".

Entrar en el reposo de la vida cristiana significa abrir nuestras manos para recibir un regalo gratuito. Como escribió Pablo:

«Dios los salvó por su gracia cuando creyeron. Ustedes no tienen ningún mérito en eso; es un regalo de Dios. La salvación no es un premio por las cosas buenas que hayamos hecho, así que ninguno de nosotros puede jactarse de ser salvo. Pues somos la obra maestra de Dios. Él nos creó de nuevo en Cristo

Jesús, a fin de que hagamos las cosas buenas que preparó para nosotros tiempo atrás».[12]

¿Alguna vez ha hecho un regalo extravagante a alguien porque le importaba esa persona y quería bendecirla, y él o ella en lugar de simplemente ser agradecido, comenzó a intentar frenéticamente pensar en cómo poder pagarlo? Eso es orgullo. El orgullo simplemente no puede relajarse, recibir y ser agradecido.

Ahora bien, el pasaje que acabamos de leer mencionó "buenas obras" que Dios planeó para nosotros tiempo atrás. Por lo tanto, ¿qué sobre las buenas obras? Si Dios no nos acepta basándose en nuestras labores y esfuerzos, ¿dónde encajan esas "buenas obras"? Examinemos esa pregunta a la vista de esta revelación sobre el reposo espiritual en Cristo.

Las buenas obras fluyen *de* nuestra conexión

Sí, Dios quiere que tomemos literalmente y físicamente una pausa para reposar un día cada semana y así llenar nuestros cuatro ataques. Como hemos visto a lo largo de este estudio, se requiere fe (creencia) para hacer eso. También hemos visto que Dios recompensa tal fe con aumento y provisión sobrenatural. Pero como estamos descubriendo en este capítulo, aceptar plenamente el principio del día de reposo va mucho más profundo que eso.

Los pasajes que hemos estado examinando aquí nos muestran que, a nivel espiritual, el día de reposo es una actitud del corazón que descansa en la

> El día de reposo es una actitud del corazón que descansa en la obra terminada de Jesús en la cruz.

obra terminada de Jesús en la cruz. Es una postura que se refrena de insultar la gracia de Dios al intentar ganarse su lugar en la familia de Dios. Es una manera de vivir y pensar que no disminuye el precio asombroso que Jesús pagó para ser nuestro representante en la gran ceremonia del nuevo pacto de las edades.

Por lo tanto, ¿qué de las buenas obras? ¿No dijo Jesús que dejáramos que el mundo viera nuestras buenas obras para que así glorificaran a Dios ¿No dijo Santiago que la fe sin obras es muerta? ¡Sí y amén!

La clave para entender esto es simplemente darnos cuenta de que nuestras buenas obras no nos hacen *ganarnos* nuestra conexión con Dios; sin embargo, las buenas obras son un resultado natural de estar conectados a Dios. Fluyen orgánicamente de estar en una relación viva con Él. No nos calificamos para llegar a ser hijos de Dios o permanecer así mediante cualquier esfuerzo propio. Un regalo es un regalo, y solamente puede recibirse. Pero cuando nos convertimos en hijos de Dios, lo más natural del mundo es comenzar a mostrar las características de nuestro Padre.

> No hacemos buenas obras *para* nuestra relación con Dios, las hacemos *desde* nuestra relación con Él.

En otras palabras, no hacemos buenas obras *para* nuestra relación con Dios, las hacemos *desde* nuestra relación con Él. Esto es exactamente lo que Jesús tenía a la vista cuando dijo lo siguiente a sus discípulos:

«Yo soy la vid verdadera, y mi Padre es el labrador... Permaneced en mí, y yo en vosotros. Como el pámpano no puede llevar fruto por sí mismo, si no permanece en la vid, así tampoco vosotros, si no permanecéis en mí. Yo soy la vid, vosotros los pámpanos; el que permanece en mí, y yo en él, éste lleva mucho fruto; porque separados de mí nada podéis hacer».[13]

La declaración de Jesús deja claro que no somos capaces de dar fruto real y eterno apartados de nuestra conexión con Él. Pero cuando "permanecemos" en Él, es decir, descansamos en su obra terminada por nosotros, de modo natural no podemos evitar dar fruto. Es así como damos gloria a Dios cuando otras personas ven nuestras buenas obras. De hecho, más adelante en este mismo pasaje Jesús dijo: "En esto es glorificado mi Padre, en que llevéis mucho fruto, y seáis así mis discípulos".[14]

Sí, las buenas obras son importantes y significativas. Las buenas obras verdaderas dan gloria a Dios, no a nosotros, y solamente cuando son el fruto de permanecer (descansar) en Jesús. En el momento en que comenzamos a ver las buenas obras como cierto tipo de moneda que podemos ganar para comprar favor, bendición, aceptación o amor de Dios, hemos abandonado nuestra posición de descanso. Le hemos dado lugar al orgullo.

Queda un reposo para el pueblo de Dios. Humíllese a usted mismo, y con confianza como la de un niño, reciba este reposo. Permanezca en este reposo. Prospere en este reposo. Dé mucho fruto en este reposo.

Notas

1. Mateo 5:16
2. Génesis 15:9
3. v. 12
4. Génesis 15:17-18

5. Génesis 2:18
6. Hebreos 4:9, 11
7. Hebreos 3:7.11, NTV
8. Hebreos 4:1-3, NTV
9. Hebreos 4:9
10. Hebreos 4:10-11
11. Hebreos 4:14-16
12. Efesios 2:8-10, NTV
13. Juan 15;1, 4-5
14. v. 8

CAPÍTULO 10

EL MOMENTO ES AHORA

«Vengan a mí todos los que están cansados y llevan cargas pesadas, y yo les daré descanso. Pónganse mi yugo. Déjenme enseñarles, porque yo soy humilde y tierno de corazón, y encontrarán descanso para el alma».

—Mateo 11:28-29, NTV

La vida del fenecido W. Clement Stone se erige como una historia notable de mendigo a millonario del tipo que Horatio Alger es famoso por contar. Stone nació en Chicago en 1902, y su padre murió cuando él solo tenía tres años, dejando a su madre viuda y con una profunda deuda. A los seis años de edad comenzó a vender periódicos en una esquina de una calle del South Side para ayudar a su mamá a suplementar sus ingresos como costurera.

Nacido claramente con una vena emprendedora, a los trece años de edad Stone era dueño de su propio puesto de periódicos. Y a la madura edad de dieciséis, dejó la escuela, obtuvo el equivalente en aquella época del GED (Certificado de Preparatoria), y se mudó a Detroit para vender seguros contra accidentes. A los veinte años de edad pidió prestados cien dólares y lanzó su propia empresa de seguros de vida y accidentes, y le puso el nombre de Combined

Insurance Company of America. Prosperó: sobrevivió al desplome de la Bolsa de 1929 y a la Gran Depresión, y finalmente llegó a ser una inmensa aseguradora a nivel nacional. En 1979, el reporte anual de la empresa revelaba más de mil millones de dólares en activos.

Stone, el anterior niño genio que vendía periódicos en las esquinas y el fenómeno adolescente de la venta de seguros, construyó el éxito de su empresa sobre formar bien a su equipo de vendedores. Él, junto con su contemporáneo Norman Vincent Peale, fue un pionero en entender el poder de una actitud positiva. Los empleados en Combined Insurance estaban acostumbrados a saludarse el uno al otro con la alegre pregunta: "¿Cómo está tu AMP?", que era un acrónimo para "actitud mental positiva". Pero quizá lo más poderoso y eficaz que dio Stone a su equipo de ventas fue una sencilla clave para vencer la postergación.

Él sabía por experiencia personal que las ventas pueden ser emocionalmente difíciles y frecuentemente desalentadoras. También sabía que era básicamente un juego de cifras. Llamar a las puertas suficientes o hacer las llamadas telefónicas suficientes, y las ventas se harán por sí solas. Cada no sencillamente lleva un paso más cerca al siguiente sí. El reto era evitar que su equipo de vendedores postergara esas llamadas

> Cada no sencillamente lleva un paso más cerca al siguiente sí.

difíciles. Temor al rechazo, estrés y desaliento alimentarán la postergación, y hacen que sea fácil demorar y perder el tiempo. Stone sabía que necesitaba un modo de ayudar a sus vendedores a avanzar en el momento crítico de la indecisión.

Stone finalmente dio con una idea notablemente sencilla. Hizo crear miles de monedas de bronce que tenían grabadas profundamente dos breves palabras en cada cara: "HAZLO AHORA".

A cada vendedor se le entregaba una de esas monedas el día en que él o ella era contratado. Eran formados para llevarla en sus bolsillos todo el tiempo, y aprendieron rápidamente a nunca estar en el trabajo sin esa moneda. Siempre que se sentían vacilantes en cuanto a hacer una llamada o contactar con un posible cliente, se les enseñaba a meter la mano en su bolsillo y sentir las letras de esa moneda. Ese punto de contacto táctil les recordaba las palabras de la moneda: "¡Hazlo ahora!". Cualquiera que sea la razón, ese objeto absurdamente sencillo tuvo un potente efecto. Para incontables vendedores en un momento de vacilación, simplemente meter su mano en el bolsillo les daba la resolución para marcar ese número telefónico o llamar a esa puerta. Una fuerza laboral muy motivada y notablemente eficiente se convirtió en la clave del destacado crecimiento de Combined. Stone falleció en el 2002 a los cien años de edad. Unos años después, la compañía que él fundó siendo un muchacho con 100 dólares, se vendió por 2,56 mil millones de dólares.

Se dice que ocasionalmente cuando uno de los vendedores más veteranos y muy exitosos de Combined está hablando a un grupo de nuevos vendedores contratados, él o ella se meterá la mano en el bolsillo y sacará su propia moneda de bronce. Invariablemente, esa moneda estará brillante y lisa por las dos caras, sin rastro de las palabras que antes habían estado grabadas profundamente en la superficie, evidencia de incontables momentos críticos de decisión en los cuales un pequeño aliento era lo único necesario para derrotar al enemigo de la postergación.

Su momento para decidir

También usted está en un momento de decisión, ahora mismo, al leer estas palabras. Ha permanecido a mi lado a lo largo de un serpenteante viaje bíblico en el que ha visto la evidencia clara de que Dios le está invitando, pidiendo, implorando que se una a Él en el día de reposo. Sin embargo, la decisión es de usted. Dios no le obligará a descansar, aunque como yo he descubierto, su mente y su cuerpo lo harán finalmente. Como hemos visto, el día de reposo es un regalo que se hace a usted mismo.

Es posible que le haya convencido de la validez, el poder y la importancia del principio del día de reposo (ciertamente así lo espero). Es posible que tenga toda la intención de incorporar las cosas que le he presentado… pronto. Con la mejor de las intenciones, quizá se propone en su corazón comenzar a tomarse un día libre cada semana para renovar, recargar y conectar con Dios… después de solucionar algunas cosas más, un proyecto más en los libros. Quiere terminar este trimestre con cifras positivas. Dos de los niños necesitan brackets y uno de los autos necesita neumáticos nuevos, pero en cuanto esas cosas estén pagadas, comenzará a desconectar durante un día. Claro, ahora entiende que está crónicamente siguiendo con cuatro tanques casi vacíos, pero este no es un buen momento para comenzar a relajarse regularmente. Se está preparando para un ascenso en el trabajo, y eso se vería irresponsable.

Si estas o algunas otras ideas parecidas sobre el día de reposo están en su mente en este momento, tengo unas sencillas palabras para usted de parte del Señor:

Hágalo. Ahora.

Dejemos a un lado por un momento los aspectos espirituales y sobrenaturales de esta decisión y enfoquémonos en las razones puramente naturales para comenzar esta semana la práctica de toda una vida de tomar un día de reposo semanalmente. Montañas de investigaciones y evidencia sugieren que simplemente usted no es la mejor versión de sí mismo cuando está falto de descanso. ¿Recuerda las sabias palabras de Lincoln sobre afilar el hacha? Es usted menos creativo, menos enfocado, menos observador, menos intuitivo, menos paciente, menos amable, menos persuasivo, y menos atractivo cuando sus tanques están vacíos. Su juicio se ve perjudicado y toma malas decisiones. Su eficacia se desploma, de modo que lograrlo todo toma más tiempo del que debería. Y como es más propenso a cometer errores, termina haciendo muchas cosas otra vez.

Todo esto y más es el precio oculto del síndrome de deficiencia de descanso. La gran plaga oculta de nuestra época le está costando mucho más de lo que cree. Verá, incluso si no hubiera un Dios en los cielos…si ningún poder amoroso y sobrenatural estuviera ahí para ayudarle y bendecirle… *aun así* le iría mejor al aceptar el estilo de vida del día de reposo.

Pero mire, amigo mío, *hay* un Dios en los cielos. Su poder milagroso para bendecir, acelerar, enviar, aumentar y multiplicar está en espera para actuar dondequiera que un corazón de fe obediente y confianza desencadenan su liberación. Quienes honran el principio del día de reposo, el viento del cielo sopla en sus espaldas. Como nos recuerda Proverbios 10:22, cuando recibimos aumento es porque la bendición de Dios está sobre nuestra vida, no añade tristeza con ella. Hay otro lado de esa moneda de verdad. Cuando intentamos bendecirnos a nosotros mismos con nuestros propios esfuerzos, descubriremos mucha tristeza añadida a cualquier cantidad de riqueza que podamos obtener por nosotros solos.

> Quienes honran el principio del día de reposo, el viento del cielo sopla en sus espaldas.

Muy bien, Robert, quizá esté pensando. *Estoy convencido. Quiero comenzar a honrar el día de reposo. ¿Y qué ahora? ¿Qué hago conmigo mismo en el día de reposo que he escogido?* La respuesta a esa pregunta nunca es la misma para todos los individuos, pero hay algunos axiomas generales que me alegra compartir.

Estrategias para la renovación de los cuatros tanques del día de reposo

Voy a comenzar recordándole que su objetivo en el día de reposo es descansar. No es la emoción. No es el entretenimiento. Y sin duda, no es la productividad. Como resultado, es muy posible que cuando planee su día de reposo, tendrá este pensamiento: *Parece que será un poco aburrido.* Recordará que en el capítulo sobre los tiempos sabáticos y el principio del *shmitá*, observamos que el aburrimiento no es algo tan malo, especialmente cuando comenzamos por primera vez a hacer del día de reposo una parte de nuestro estilo de vida. Estamos tan acostumbrados a estar ocupados, estimulados en exceso, haciendo multitarea, y bombardeados con información a los cinco sentidos cada hora que estamos despiertos, que algunas horas de silencio y tranquilidad parecerán...un error. El hecho es que, por lo que respecta al descanso profundo, el aburrimiento es una característica, no una molestia. Sin embargo, le tomará algún tiempo romper su adicción a la ocupación y sentirse cómodo con el entorno lento y tranquilo que conduce a la renovación.

Eso no es lo mismo que sugerir que no hay lugar alguno para el entretenimiento o la diversión el día de reposo. Por el contrario, su estrategia para disfrutar y beneficiarse de este día de descanso comienza con entender que necesita llenar *sus cuatro* tanques: el físico, el mental, el emocional y el espiritual. Como ya he observado, he descubierto personalmente que una película divertida o una buena lectura de ficción llena mi tanque emocional; pero no paso mi día de reposo entero delante del televisor o con mi nariz metida en un libro. Sé que tengo cuatro tanques que necesitan todos ellos cierta atención. Por ejemplo, sé que el tiempo con Debbie, mis hijos, y ahora mis nietos me restaura y me renueva emocionalmente.

Para mi tanque físico, un paseo al aire libre, si el tiempo lo permite, tiene un notable poder para refrescarme y renovarme. Observe que no dije: "cuarenta minutos de ejercicio intenso sobre una cinta andadora". No hay nada de malo en el ejercicio intenso y vigoroso o en tener metas para estar en forma; pero su día de reposo no es el momento para avanzar sus metas personales. "Logro" es para los otros seis días cada semana. Este día se trata de disfrute, deleite y renovación. Y hay algo profundamente renovador en estar rodeado de la naturaleza. Cuando tenemos pasto verde, árboles, plantas y flores a nuestro alrededor, cielos azules y nubes blancas y esponjosas sobre nuestra cabeza, aire fresco en nuestros pulmones, y el sonido de las aves en nuestros oídos, recargamos de maneras intangibles pero poderosas. Un día cálido de primavera o de verano, quítese los zapatos y los calcetines y camine sobre pasto verde y frondoso, con el sol bañando su cara. Cierre los ojos y permita que su corazón rebose de gratitud hacia Dios por lo maravilloso que es estar vivo.

¡Vivo! Eso es algo que yo no doy ya por hecho. En abril de 2018, estuve a un paso de trasladarme al cielo. Mi esposa y yo estábamos pasando un tiempo juntos en la casa rural que tenemos a una hora y media de distancia de la ciudad. Está prácticamente en medio de la nada. Mientras estábamos allí, yo no me sentía bien. Entonces, para consternación de mi esposa, me desplomé. Ella llamó de inmediato a una ambulancia y cuando llegaron los paramédicos, no podían

> Hay algo profundamente renovador en estar rodeado de la naturaleza.

obtener una lectura de presión arterial y les resultaba difícil encontrarme el pulso. Más adelante descubrimos que había tenido hemorragia interna por la rotura de dos arterias distintas y había perdido casi la mitad de mi volumen de sangre.

Los paramédicos le dijeron a mi esposa que no sobreviviría al largo viaje en ambulancia hasta el hospital más cercano, así que en cambio llamaron por radio a un helicóptero medicalizado. Cuando estuve listo para que me metieran en el helicóptero, había recuperado la consciencia. En ese punto, uno de los primeros respondedores llamó a un lado a Debbie y dijo: "Quizá querría entrar ahí y decir lo que quiera decir". La implicación era que aquella posiblemente podría ser nuestra última oportunidad para charlar a este lado de la eternidad. En aquel momento, los dos creíamos que yo me iría de este mundo, así que nos despedimos; sin embargo, yo no tenía miedo ni estaba triste. Por el contrario, me inundaba una abrumadora sensación de paz. Aun así, mi pobre esposa tuvo que mantener a mi lado su teléfono mientras yo grababa unas últimas palabras de bendición y aliento para mis hijos y nietos.

Cuán agradecido estoy por los esfuerzos heroicos de los paramédicos. Obviamente sobreviví, aunque tuvieron que hacerme dos cirugías y pasé cuatro días en cuidado intensivo, y otros cuatro días en cuidado regular. Fueron necesarios de cuatro a cinco meses para que mis niveles sanguíneos se recuperaran, y de ocho a nueve meses para recuperar totalmente mi fuerza.

Como dije, estoy contento y agradecido por estar vivo, pero no porque tenga miedo a morir. No lo tenía entonces, y menos aún ahora. No puedo describir la abrumadora sensación de paz que tuve en aquellos momentos críticos. Sabía que estaba en el umbral de ver a mi Salvador y que ese momento sería el más maravilloso de mi existencia. No, estoy contento porque puedo seguir teniendo un impacto aquí en la tierra en nombre de ese Rey Redentor con quien estuve a punto de encontrarme cara a cara, y porque puedo pasar más tiempo con Debbie y ver a mis hijos y nietos a medida que comienzan a dejar sus propias marcas únicas para el reino de Dios.

El día de reposo es un tiempo para pausar y recordar que es bueno estar vivo, que es bueno ser un hijo o hija de Dios en el planeta tierra. Para contar nuestras bendiciones y avivar el fuego de la gratitud por nuestro generoso Padre celestial. La vida es buena, incluso cuando es difícil. Como dice 1 Timoteo 6:17: "Dios... nos da todas las cosas en abundancia para que las disfrutemos". Es así como recargamos físicamente, mentalmente y emocionalmente en nuestro día de reposo.

> La vida es buena, incluso cuando es difícil.

La próxima vez que se sienta desalentado y bajo ataque, tome algún tiempo para ser agradecido. Agarre papel y pluma y comience a enumerar cosas que tiene por las que estar agradecido. Se sorprenderá de cuán bien le hará sentir. Pida al Espíritu Santo que le ayude a encontrar *sus* mejores maneras de descansar y recargar. ¡Él se lo mostrará! Él reabastecerá sus tanques vacíos y le renovará, en cuerpo y alma.

Pero ¿qué de su espíritu? El día de reposo le ofrece una poderosa oportunidad para llenar el más importante de los tanques. Permítame compartir algunas cosas que he aprendido sobre cómo asegurarnos de que eso suceda.

Cómo llenar su tanque más importante

Tiempo a solas con Dios diariamente es una disciplina maravillosa. Un periodo diario de hablar con su Padre celestial y adorarlo, ya sea al inicio de su día o al final de él, le ayudará a evitar que su tanque espiritual llegue a estar demasiado bajo. Yo aliento a los miembros de la Gateway Church a encontrar al menos quince minutos cada día para hacer esto.

Sin embargo, hay cosas que Dios quiere lograr en usted y por medio de usted que nunca pueden tener lugar en unos rápidos quince minutos antes de apresurarse a salir por la puerta para comenzar su día. El verdadero poder de un día de reposo es el tiempo: tiempo para que usted y el Dios que le ama, y que entregó a su Hijo por usted, puedan conectar. Es vital designar un espacio significativo en su día de reposo para tener comunión con Dios. Pero ¿cómo se ve eso en términos prácticos? Ahora al concluir, permítame compartir cuatro pasos que el Señor ha utilizado de manera poderosa y regular en mi tiempo de reposo con Él.

1. Aquiete su mente (apague todas las voces, excepto la de Dios)

A lo largo de la semana, nuestra mente tiende a ser un torbellino de pensamientos y voces contrarios que gritan reclamando atención. Muchos de ellos provocan respuestas emocionales negativas en nuestra alma: ansiedad, temor, enojo y preocupación, por mencionar solo algunas. No es inusual que el creyente típico camine durante todo el día agitado y tenso. Nuestra conexión casi constante con las redes sociales solamente ha intensificado y ampliado esa tendencia. Si pudiera ver su alma, es decir, su mente, voluntad y emociones, podría parecerse a una masa de agua con olas de espuma blanca moviéndose y recorriendo la superficie.

Lo primero que yo hago cuando quiero tener comunión con el Señor a nivel profundo es calmar esas aguas. Silencio las voces. En otras palabras, ordeno a mi alma que se aquiete y esté tranquila.

David, el salmista y rey, entendía esto. En Salmos 62:1 escribe: "En Dios solamente está acallada mi alma; de él viene mi salvación". Y en el versículo 5 de este mismo salmo habla realmente a su alma, dándole una orden: "Alma mía, en Dios solamente reposa, porque de él es mi esperanza". Cuando usted está ansioso, temeroso o agitado, su alma habla sin parar. Es entonces cuando más necesita oír la voz del Señor, pero a menudo su alma quiere seguir charlando. Casi todo el Salmo 42 es David dándole una buena charla a su alma turbada:

«¿Por qué te abates, oh alma mía, y te turbas dentro de mí? Espera en Dios; porque aún he de alabarle, Salvación mía y Dios mío».[1]

Verá, su alma cree que está a cargo; y durante el periodo de su vida antes de nacer de nuevo, realmente *estaba* a cargo. Su espíritu estaba muerto o durmiente, de modo que su alma era quien dirigía el espectáculo. Pero cuando Dios le hizo estar espiritualmente vivo en Jesucristo, su espíritu nacido de nuevo se convirtió en el jefe legítimo. Su alma, sin embargo, no quiere que le digan lo que tiene que hacer; hará un berrinche como un niño pequeño cuando no consiga lo que quiere o necesita. Por eso precisamente David escribió lo siguiente en Salmos 131:2:

«En verdad que me he comportado y he acallado mi alma como un niño destetado de su madre; como un niño destetado está mi alma».

Cuando un niño aún está lactando, tiende a querer hacerlo siempre que esté en el regazo de su mamá. Si el bebé no obtiene lo que quiere, se pone agitado, inquieto y quisquilloso. Pero cuando el niño es destetado, él o ella acude al regazo de su mamá solo para obtener consuelo y descanso. Esta es la imagen que evoca David con respecto a su alma. Lo que

> Acuda al regazo de su Padre celestial y esté tranquilo.

calmará su alma es ser abrazado por Dios. Acuda al regazo de su Padre celestial y esté tranquilo.

2. Enfoque su mente (acuda a Dios)

¿Ha intentado alguna vez pensar en nada? No es posible. Simplemente no puede poner su mente en blanco; por lo tanto, cuando haya aquietado su alma, es vital enfocarse en algo. Obviamente, cuando su meta es tener comunión con Dios, debe dirigir su enfoque hacia Él.

El Señor una vez me dio una lección inolvidable y un poco dolorosa sobre enfocarme en lo erróneo. Hace muchos años atrás, yo estaba predicando como ministro invitado en una iglesia, y francamente, su grupo de alabanza no era muy hábil. Cuando comenzó la parte del canto colectivo del servicio, noté inmediatamente que el vocalista principal desafinaba frecuentemente. Poco después observé que los instrumentos no estaban sincronizados y parecían tocar en tonos diferentes y en ritmos ligeramente diferentes. Esos errores captaron mi atención y me hicieron querer escuchar otros. *La mezcla de sonido tampoco es muy buena*, recuerdo pensar. Antes de darme cuenta, estaba catalogando mentalmente una lista de errores y equivocaciones en toda la experiencia de adoración.

Recuerdo pensar: *Vaya, realmente necesitan ayuda en esta área. Esto no es nada bueno. ¿Quién podría entrar en la adoración con música como esta?* En el instante en que esa pregunta se cruzó por mi mente, eché un vistazo a mi alrededor para ver si yo era el único que notaba esa falta de excelencia técnica. Mis ojos cayeron inmediatamente sobre una mujer al otro lado del pasillo que tenía sus manos levantadas hacia el cielo y lágrimas corriendo por sus mejillas.

"Ella puede", dijo la voz familiar y amable del Padre. "Tú estás aquí criticando mientras ella me está adorando".

No es necesario decir que me arrepentí enseguida. "Lo siento, Señor. Perdóname".

Cuando pensé más adelante en ese incidente, sentí como si el Señor me dijera: "Robert, necesitas entender algo. Cuando una persona canta, yo no oigo la voz; oigo el corazón. Yo no soy carne y sangre, soy espíritu. Por lo tanto, cuando tú adoras yo no escucho las ondas sonoras físicas causadas por la vibración de tu voz. Escucho lo que tu espíritu está comunicando. Y cuando está comunicando amor, gratitud y adoración, es más hermoso para mí de lo que puedes comprender".

¿Qué supone que Dios prefiere? ¿Alguien que tiene una voz técnicamente hermosa pero cuyo corazón es tan frío y duro como la piedra? ¿O alguien que canta desafinado, pero desde un corazón lleno de respeto y gratitud?

> Una de las cosas más poderosas y transformadoras en las que podemos enfocarnos es la bondad de Dios.

Sí, tenemos que enfocarnos en algo, y una de las cosas más poderosas y transformadoras en las que podemos enfocarnos es la bondad de Dios. Ya he mencionado el poder de la gratitud y he sugerido anotar las cosas por las que estamos agradecidos. Bueno, resulta que llenar nuestro corazón y nuestra boca de gratitud, particularmente con cantos de gratitud, es el modo perfecto de acercarnos a Dios. Una vez más, podemos mirar al salmista David para encontrar confirmación. El Salmo 100 dice:

«¡Aclamen con alegría al Señor, habitantes de toda la tierra! Adoren al Señor con gozo. Vengan ante él cantando con alegría. ¡Reconozcan que el Señor es Dios! Él nos hizo, y le pertenecemos; somos su pueblo, ovejas de su prado. Entren por sus puertas con acción de gracias; vayan a sus atrios con alabanza. Denle gracias y alaben su nombre. Pues el Señor es bueno. Su amor inagotable permanece para siempre, y su fidelidad continúa de generación en generación».[2]

¿Cómo entramos en la presencia de Dios? ¡Con canto! Una vez estaba yo hablando de esto con el Señor y le oí decir: "Cada día te doy un canto, y ese canto es tu llave a mi presencia para ese día". Ahora, cuando voy a encontrarme con el Señor, comienzo aquietando mi mente, pongo mi corazón en una postura de gratitud, y entonces escucho el canto que Dios quiere darme. Él siempre pone un canto en mi corazón. A veces, incluso me despierto con un canto de adoración en mi mente y, durante el resto del día, ese canto es mi llave a la presencia de Dios.

Dios también quiere darle un canto para cada día de reposo con Él. Solamente tiene que escucharlo. Puede cantarlo en voz alta si quiere, pero no tiene que hacerlo. Lo importante es que esté enfocado en Él. Cantar al Señor con acción de gracias dirige su enfoque hacia Dios. La música y la adoración representan un elemento clave de tiempo de descanso con el Señor. Cuando está en su presencia, está preparado para el paso siguiente en la comunión con Él.

3. Ore lo que piensa (hable con Dios)

Este siguiente paso es muy sencillo. Simplemente hable con Dios como habla con cualquier persona. Él es una persona; tiene personalidad. "Oración" es tan solo un término espiritualizado para hablar con Dios. ¿De qué debería hablar? De lo que esté en su mente. De lo que le preocupa. No tiene que orar por la paz mundial o los misioneros en Uzbekistán, a menos que eso estén en su corazón, desde luego. No tiene que orar por todos los senadores estadounidenses, a menos que el Espíritu de Dios ponga en su corazón hacerlo.

Él es su Padre. Hable de lo que le está cargando. Nunca orará con pasión hasta que ore por las cosas que le cargan. Podrían ser su cónyuge o sus hijos. Podría ser su empleo, su negocio o sus finanzas. No importa lo que sea, mientras sea auténtico de usted.

Si sigue este consejo y comienza a poner delante de Dios áreas personales de su vida, finalmente oirá una de las mayores mentiras de Satanás susurradas a su mente. Tendrá un pensamiento parecido a este: *Estás siendo egoísta.* Cuando usted comienza a elevar sus afanes a Él, el enemigo llegará invariablemente y dirá: "Vaya, sí que eres una persona egoísta. Oras mucho por tus negocios y tus finanzas"; o "...por tus hijos"; o "...por tus relaciones". Cualquiera que sea el área que tiende a cargarle más, será el enfoque de esta acusación. Lo engañoso de ese mensaje es que, a primera vista, realmente sonará *religiosamente* correcto. Después de todo, todo cristiano sabe que hemos de interesarnos más por los demás que por nosotros mismos.

Mire, el enemigo de su alma es también el enemigo de su relación íntima con Dios; y es un experto en utilizar sugerencias elevadas y aparentemente nobles para minar su conexión con su Padre

celestial. Le citó la Escritura a Jesús sobre los ángeles que lo sosten-
drían si caía. ¿Recuerda la reacción de Judas a cuando María ungió
a Jesús con ungüento muy valioso en un acto de adoración y devoción? ¡Intentó hacer que ella se sintiera mal por eso! Se quejó de que
el ungüento fragante podría haberse vendido por una gran suma de
dinero para ayudar a los pobres. El escritor del Evangelio se asegura
de que entendamos que a Judas no le importaban los pobres en lo
más mínimo, pero esa era su justificación religiosa para oponerse al
momento precioso e íntimo de adoración que estaba teniendo Jesús
con alguien a quien amaba.

Cuando oiga esa voz de acusación, esto es lo que necesita decir
como respuesta:

«Sí, hablo con Dios sobre mi negocio porque no es realmente
mi negocio. Es de Él. Yo no soy mío, porque he sido comprado
por precio (1 Corintios 4:20). Como pertenezco a Dios,
todo lo que yo controlo le pertenece también a Él. Yo solo
soy un administrador. Así que, sí, claro que voy a hablar con
Dios del negocio que estoy dirigiendo para Él. Voy a hablar
de cada detalle con Él para buscar su sabiduría y pedirle su
bendición y favor. Lo mismo se aplica a cada aspecto de mi
vida: mi hogar, mi familia, mis relaciones, mis finanzas, y mi
futuro. Si me concierne a mí, lo concierne a Él, porque todo le
pertenece a Él. ¡Yo soy solamente su administrador!».

Nunca sea renuente a llevar sus
afanes ante Dios, pero especialmente
durante el tiempo que pasan juntos
en su día de reposo. Observemos con
atención las palabras de Filipenses 4:6:

> Nunca sea
> renuente a llevar
> sus afanes ante
> Dios.

«Por nada estéis afanosos, sino sean conocidas vuestras peticiones delante de Dios en toda oración y ruego, con acción de gracias».

Observemos que no dice que sean conocidas las peticiones de todos los demás delante de Dios. Dice: "sean conocidas *vuestras* peticiones delante de Dios". Encontramos el resultado de hacer eso en el versículo siguiente:

«Y la paz de Dios, que sobrepasa todo entendimiento, guardará vuestros corazones y vuestros pensamientos en Cristo Jesús».[3]

En otras palabras, Jesús asignará paz a la puerta de su corazón y su mente con un escopetazo, diciendo a la preocupación, la ansiedad y el estrés: "No. No pueden entrar aquí".

Después de (1) aquietar su mente, (2) enfocar su mente, y (3) orar lo que piensa, entonces ¿qué? El paso siguiente en este encuentro progresivo con Dios del día de reposo es…

4. Renueve su mente (deje que Dios le hable)

Sí, es vital decirle a Dios lo que usted quiere y necesita decir; pero es aún más importante permitir que Él diga lo que quiere y necesita decirle a usted. Sí, Dios quiere hablarle: clara y poderosamente. De hecho, oír lo que Dios tiene que decirle es la clave del cambio y el crecimiento. ¡Es cierto!

> Sí, Dios quiere hablarle: clara y poderosamente.

«Así que, hermanos, os ruego por las misericordias de Dios, que presentéis vuestros cuerpos en sacrificio vivo, santo, agradable a Dios, que es vuestro culto racional. No os conforméis a este siglo, sino transformaos por medio de la renovación de vuestro entendimiento, para que comprobéis cuál sea la buena voluntad de Dios, agradable y perfecta».[4]

Renovar su mente, es decir, sustituir falsedad y engaño por verdad espiritual, le cambia de dentro hacia fuera. Transformará totalmente cada área de su vida. ¡Hace eso permitiendo que Dios le hable! (Y creyendo lo que Él dice, desde luego).

Dios puede hablarle, y lo hará de distintas maneras, incluyendo utilizar a otras personas y la voz interior del Espíritu Santo, pero la más fundamental y segura de esas maneras es leer en oración la Palabra de Dios, la Biblia. Cuando abro mi Biblia en mi día de reposo con un corazón dispuesto para oír a Dios hablarme, casi siempre así sucede. A veces recibo instrucción, y otras veces es consuelo, perspectiva, fuerza, paz o sabiduría. A menudo cuando siento que realmente necesito escuchar de Él, le pido al Espíritu de Dios que me diga dónde leer.

Recuerdo una de esas ocasiones que cambió el curso entero de mi vida. Puedo decir la fecha exacta: 16 de septiembre de 1999.

Estaba pasando un día de reposo con Dios y, en el espíritu de compartir mis cargas y afanes con el Señor (paso 3), le había hablado sobre mi futuro en el ministerio. Había estado en el equipo ministerial en una iglesia maravillosa por varios años, pero sentía que se acercaba el tiempo para lo que hubiera a continuación. Por lo tanto, tras ese periodo de oración, agarré mi Biblia y pregunté al Señor: "Dios, ¿dónde quieres que lea?". Con mucha claridad le oí decir: "Génesis 35 y Deuteronomio 11".

Naturalmente, busqué Génesis 35, un pasaje sobre Jacob cuando pelea para saber qué era lo siguiente para él en el plan de Dios para su destino. La primera frase del capítulo saltó de la página. Era como si el Espíritu de Dios la subrayó y usó un rotulador amarillo para hacerlo:

«Dijo Dios a Jacob: Levántate y sube a Bet-el, y quédate allí; y haz allí un altar...».[5]

Yo sabía que el nombre del lugar *Betel* (Bet-el) significa "casa de Dios". En cuanto leí eso, la voz interior del Espíritu Santo me habló inmediatamente y dijo: "Quiero que te mudes a Southlake y comiences una iglesia: una casa de Dios". Southlake en aquel tiempo era un pequeño suburbio en el extremo nororiental de la zona metropolitana de Dallas-Fort Worth.

Mientras seguí leyendo, Dios comenzó a desplegar su plan para la Gateway Church, ¡incluyendo darme el nombre! Al leer sobre Jacob y Betel, retrocedí unos capítulos hasta un incidente en el que Jacob le dio a Betel su nombre. En Génesis 28, Jacob estaba pasando la noche al aire libre en el campo, durmiendo sobre el suelo con una piedra como almohada. Mientras dormía, tuvo una visión extraordinaria de ángeles que ascendían y descendían entre el cielo y la tierra. Cuando se despertó, Jacob dijo:

«¡Cuán terrible es este lugar! No es otra cosa que casa de Dios, y puerta del cielo».[6]

Un lugar llamado "casa de Dios" que era una "puerta del cielo". Cuando leí eso, todo en mi interior dijo: "¡Sí!". El Espíritu del Señor me dejó claro que la casa de Dios que yo iba a establecer sería un lugar donde muchas personas serían salvas y se acercarían a Dios: una puerta literal del cielo y de cosas celestiales. Así nació la Gateway Church. ¡Y el día en que fue concebida fue un día que yo había apartado como día de reposo!

> Oír la voz del Señor... es parte de su primogenitura como hijo o hija de Dios.

Dios quiere hablarle a usted también. Oír la voz del Señor mediante su Palabra y mediante su voz interior es parte de su primogenitura como hijo o hija de Dios. En el capítulo 16 de Juan, justo antes de que Jesús fuera a la cruz, explicó a sus discípulos que era bueno que Él se fuera porque entonces enviaría al Espíritu Santo para ayudarles. Al describir el ministerio del Espíritu, Jesús dijo:

> «Pero cuando venga el Espíritu de verdad, *él os guiará a toda la verdad*; porque no hablará por su propia cuenta, sino que hablará todo lo que oyere, *y os hará saber las cosas que habrán de venir*. El me glorificará; porque *tomará de lo mío, y os lo hará saber*» (énfasis del autor).[7]

Qué ministerio tan maravilloso y precioso tiene el Espíritu Santo en nuestra vida. Su tarea es:

- Guiarnos a toda la verdad
- Decirnos cosas que han de venir
- Declararnos lo que el Señor está pensando y haciendo

¿Le interesa algo de todo eso? ¿Le gustaría ser guiado a la verdad en lugar de creer mentiras o ser engañado? ¿No le gustaría saber lo que ha de venir para así poder orar, prepararse y planear en consonancia? ¿No quiere conocer la voluntad de Dios para su vida? Desde luego que su respuesta es afirmativa a todo esto. Bueno, el Espíritu de Dios está listo, dispuesto y es más que capaz de cumplir su misión en nuestra vida. La única barrera es nuestra ocupación y el ruido con el cual nos rodeamos constantemente. No es que Dios no esté hablando, es que no podemos oírlo por encima del ruido de nuestras vidas locas y apresuradas.

Ese es el poder de tomar un verdadero día de reposo cada semana. Con intención y propósito, usted crea espacio para relajarse; desconecta de la charla electrónica. Se aquieta. Calma las aguas turbulentas de su alma. Se acurruca en el regazo de su Padre celestial y enfoca toda su atención en Él con un corazón de gratitud y expectación. Entonces sintoniza su oído interior con la voz de Él. Ese es un entorno en el que puede oír lo que Dios está diciendo.

Confirmación de asistencia

Dos mil años después, la misericordiosa invitación de Jesús aún se mantiene: «Venid a mí todos los que estáis trabajados y cargados, y yo os haré descansar». Al inicio de este capítulo cité este pasaje familiar de la versión Nueva Traducción Viviente. Vale la pena repetirlo aquí:

> «Vengan a mí todos los que están cansados y llevan cargas pesadas, y yo les daré descanso. Pónganse mi yugo. Déjenme enseñarles, porque yo soy humilde y tierno de corazón, y encontrarán descanso para el alma. Pues mi yugo es fácil de llevar y la carga que les doy es liviana».[8]

«Mi yugo es fácil de llevar...».

Me gusta eso, ¿y a usted? Qué invitación tan extraordinaria a recibir de un Salvador tan maravilloso. Él es la Vid que alimenta y empodera, y dice simplemente: "permanezcan en mí y llevarán mucho fruto". Él es el Gran Pastor del rebaño que nos guía a aguas tranquilas y restaura nuestra alma. Él es nuestro gran Sumo Sacerdote que puede identificarse con nuestras debilidades porque Él se hizo uno de nosotros. Él es el Agua Viva que nos invita

> Él es el Agua Viva que nos invita a acercarnos, beber, ser refrescados, y nunca volver a tener sed.

a acercarnos, beber, ser refrescados, y nunca volver a tener sed. Este es el Rey-Guerrero poderoso y a la vez amable que nos invita a dejar a un lado los sonidos de nuestro teléfono una vez por semana y caminar con Él en el frescor del día para que Él pueda hablarnos cosas grandes y poderosas que no conocemos. Él es Aquel que, en Apocalipsis 3:20 (NTV), dice: "¡Mira! Yo estoy a la puerta y llamo. Si oyes mi voz y abres la puerta, yo entraré y cenaremos juntos como amigos".

¿Qué le dirá a su amable invitación? ¿Cómo responderá?

"¿Estoy demasiado ocupado?". "¿Tengo mucho que hacer?". ¿De veras?

Una vez durante su ministerio terrenal, Jesús miró a un pequeño grupo de personas y dijo: "Síganme". Imagínelo. El tan esperado Mesías, el Hijo de Dios, el Príncipe del cielo, Dios en carne humana, invitándolo a usted a caminar y hablar con Él. A aprender de Él. A colaborar con Él en el ministerio.

Pero uno de ellos dijo: "Señor, déjame *primero* que vaya y entierre a mi padre". En ese tiempo, enterrar a un ser querido era un proceso de un año de duración. Primero, el cuerpo era ungido con aceites y ungüentos fragantes, después se ponía en el saliente de un sepulcro hasta que no quedara otra cosa sino huesos, lo cual tomaba al menos un año. Los ungüentos fragantes eran para cubrir el olor de la descomposición. Entonces se reunían los huesos y se metían en un frasco. De ese modo, muchas generaciones de familiares podían compartir un solo sepulcro. Este hombre estaba diciendo: "Yo soy responsable de atender el cuerpo muerto de mi padre por varios meses más; cuando el proceso esté completo, caminaré contigo". Entonces otro dijo: "Te seguiré, Señor; pero déjame que me despida *primero* de los que están en mi casa".[9]

En otras palabras, ambas respuestas fueron: "Sí, pero ahora no". Ambos individuos fueron invitados a seguir a Jesús, pero lo postergaron. Ambos tenían algo que creían que necesitaba estar "primero". Ambos tenían buenas intenciones; las cosas que necesitaban hacer "primero" parecían muy importantes en el momento. Estaban equivocados, y perdieron la oportunidad de todos los tiempos. Jesús le ha hecho a usted la misma invitación que recibieron aquellos hombres ocupados. ¿Cómo responderá?

¿Puedo decirle algo? El secreto de vivir la vida cristiana con gozo, abundancia, paz, poder y fruto es asombrosamente sencillo: poner a Dios primero. Le prometo, y más importante, la Palabra de Dios le promete, que todo lo demás encajará por sí solo cuando lo haga. Póngalo a Él primero en sus relaciones, primero en sus finanzas, y primero en su tiempo.

> Póngalo a Él primero en sus relaciones, primero en sus finanzas, y primero en su tiempo.

Querido amigo, el principio del día de reposo es vida, no ley. Es una invitación, no una obligación. Es un regalo, no una tarea. Abra el regalo. Comience a vivir. Acepte la invitación.

¿Cuándo?

¡Hágalo ahora!

Notas

1. Salmos 42:5
2. Salmo 100:1-5, NTV
3. Filipenses 4:7
4. Romanos 12:1-2
5. Génesis 35:1
6. Génesis 28:17
7. Juan 16:13-14
8. Mateo 11:28-30
9. Ver Lucas 9:57-62

RECONOCIMIENTOS

Quiero dar las gracias a los miembros y ancianos de la Gateway Church, quienes caminan en estos principios y entienden cuán importante es para mí también caminar en ellos.

Quiero dar las gracias a David Holland, mi colaborador en la redacción de este libro y muchos otros. Él me ayuda a tomar las verdades que Dios me da y expresarlas en forma escrita. Es verdaderamente un gran hombre de Dios, un teólogo por derecho propio, dotado por Dios, y ha trabajado muy duro para desarrollar su habilidad literaria para llevarla a un nivel excelente e increíble. Solamente la eternidad dirá a cuántas personas ha ayudado a entender mejor a Dios y sus caminos.